U0079665

大樂文化

大樂文化

優渥叢書

叫我社牛

social cow

提升「人際關係」的
23 個說話技巧！

管玲◎著

Contents

第3章

只要做好這幾件事，就能踏出主動說話的第一步

第4章

學會自我肯定，在社交中也能好好「做自己」

第5章

離開舒適圈會發現，與人交流比想像中簡單！

第6章

用一個真實案例，來看小時候對社交的影響

第7章

利用潛意識找出社交障礙，挖掘自己的另一個面向

推薦序

對人際關係和公開說話技巧，非常受用的一本書！

說到公開說話這個話題，我和管玲老師相識於一場講座。管老師自信而自然地向我介紹她自己，流暢而精闢的語言使我留下很深的印象。我當時就想，社交溝通真的是一門藝術啊！

很多朋友可能是透過電視節目認識我的，我本人除了錄製大量的節目之外，每年也會有上百場講座。有時和幾個人交流，有時和上千人分享，甚至在錄製電視節目時，要面對數以萬計的觀眾以及他們內心的期待，這時候，平穩的心態是必不可少的。

當一個人帶著原本稚嫩的心態慢慢走出家庭，面對社會和這個世界，我想或多或少都會面臨這本書談到的心態和問題。就像副書名所說的，這是「一場沒有懲罰的人際冒險」（注），這場冒險到底是使你潰不成軍，還是讓你在克服困難之後，成長為一個更成熟的勇者，我想大家都需要好好讀讀這本書。

這本書的重點，是社交與公開說話中的心態問題，書中圍繞著一些經典的心理學名詞：比如「自戀」、「自體與客體」，因此嚴格來講這是一本心理學著作。

如果你意識到在社交與公開說話時，困難來源於內心的情緒，那麼看這本書是非常合適的。同時，管老師也介紹了人際關係以及公開說話的技巧，我讀過之後覺得非常受用，相信你也是。

這本書涵蓋與社交及公開說話相關的心理學知識、案例解析、催眠自我治療方法及技巧這幾大部分，針對性強、實用性高，我個人認為其中最具特色的，是催眠自我治療方法。

大家都知道管玲老師是心理學博士，她深諳很多心理學專業內容，同時還是一位十幾年來從事催眠研究和實踐的資深催眠師，擁有自己的工作室，治療了無數病患，還經常往返於各大講座和節目中。我讀過管老師寫的催眠書籍，也親身感受過催眠，這個流派的技術真是太神奇了。

本書中管老師總結有效治療社交與公開說話緊張的催眠方法，我邊讀這些催眠詞邊自我體驗，為舒適放鬆的效果而驚奇，也為管老師的智慧而感嘆！

管老師把這些催眠方法，配合書中內容循序漸進地分配在各章節。每次自我催眠的時間都不會太長，可以讓沒接觸過心理學和催眠的人快速學習並掌握。並且在邊看邊練習的節奏中獲得舒適感，可能這本書本身就是在催眠我吧！

如果你有社交和公開說話的問題，或者你是一個帶著一顆好奇心的心理學愛好者，不要再猶豫，快點讀起來！

中國農業大學心理素質教育中心主任
多家電視台、多檔節目特邀心理專家
施鋼教授
二〇二一年三月

注：本書原書名為《公開講話——一場沒有懲罰的人際冒險》

自序

讓我以心理學的專業，幫你找回說話的自信！

在閱讀本書前，我們先來看一個真實案例的自述：

「我想要解決公開說話困難這個問題，以為參加口才或演講培訓班可以獲得幫助。有一次在一個口才培訓班的第一堂課上，五十多名學員被要求輪流上台講話，在錄影機和眾多雙眼睛的注視下，學員們有臉紅脖子粗的、有雙腿發抖的、有全身冒汗的、有張口結舌的、有胡言亂語的、有忘詞的、有傻笑不語的，甚至有位女學員在中途實在受不了台下的目光，奪門而逃。

這是我的親身經歷。但是，他們課前還聚在一起嘰嘰喳喳說個不停，怎麼一上台講話就變成如此狼狽不堪呢？是什麼原因讓他們在台上台下判若兩人呢？

隨著課程的進行，大家漸漸熟悉起來，氣氛越來越融洽，起初那種尷尬場面變得越來越少了。幾天的培訓結束後，結業典禮上大家爭先恐後上台發表結業感言，一時間彷彿每個人都是滔滔不絕的大演說家。

培訓老師和學員比較之前的錄影後，都感慨培訓前後的天壤之別。最後，大家互相道別，信心滿滿地踏上歸途，回到那個自己並不陌生的生活和工作環境。

但是在隨後不到半個月的時間裡，部分學員表示，在新的場合自己又回到了原來的狀態，再也找不到培訓班結業典禮上侃侃而談的感覺了，在很多場合又重現培訓班第一堂課的尷尬一幕……

那麼，這是怎麼回事呢？難道培訓班和培訓老師是騙子嗎？顯然不是。問題的關鍵是供需雙方出現了偏差。

那些台上尷尬的學員，其實源於不同程度的社交恐懼，而不是口才不好。他們找錯了老師，或者說他們找錯了方向。演講或口才培訓，解決的是公開說話的感染力，以及語言表達對演講內容的渲染力。關注的重點是如何透過語言邏輯、手勢、適當的停頓、眼神的交流以及發音技巧等，來增加演講的魅力。而這些培訓沒有解決的公開說話恐懼心理，正是本書要解決的問題。

隨著近幾十年國內外心理學的迅速發展，心理學家對人類的行為心理做了大量探索，取得豐碩的研究成果。不僅在重大理論上有所突破，應用方面也取得普遍認可的實際效果。尤其隨著催眠技術的引進和應用，社交恐懼的謎底逐漸被揭開，以下我們從四個方面來加以論證。

❖ 恐懼的本質

恐懼是情緒的一種，它是指人們面臨某種危險情境，企圖擺脫而又無能為力時，所產生的一種擔心受怕、強烈壓抑的情緒。從另一個角度看來，恐懼是保護我們的一種能力，在心理學中稱為「防禦機制」，讓我們在面臨危險的時候能有所警覺。

然而，當我們在公開場合說話的時候，面臨了真正的危險嗎？當你拿起這本書，是否看到了我的書名為《公開說話——一場沒有懲罰的人際冒險》？這就是在說，很多人面對人際交往時，特別是在公開場合會感覺到不安全，心裡有冒險的體驗，只是這份冒險的體驗沒有實質性懲罰而已。

這種心態的起源可以追溯至我們小時候，那時候你具有天然的語言表達能力，並且帶著與生俱來的好奇心，開始慢慢向外伸展，試圖與周圍的一切建立聯繫。但如果不斷遭受父母批評、外界嘲笑，或者總是被教導要控制言行，那麼你就會變得越來越沒自信，越來越在意外人的眼光，這就是不安全的由來。你內心總是戰戰兢兢，好像處於危險的境地。

越重要或越陌生的場合，越會加劇恐懼不安的心理，那是由於潛意識認為那是未知、不熟悉的。這種未知讓你充滿不安，就好像曾經遭遇的突如其來的評判和嘲笑。因此也會出現前文所說的：當你放鬆下來、瞭解對方並逐漸感覺安全的時候，會漸漸變得善於溝通；但再次身處不安全的場合時，則又被打回原形。

❖ 說話的本質

說話是什麼？為什麼我們要說話？那是出於交流的需要。我們活在一個群體的世界，這個世界稱之為社會。當我們出生後，接觸到和我們一樣的人，希望向他們表達心中的意思。

於是作為小嬰兒的我們，靜靜觀察、聆聽，聽到成人說出來的一些聲音，觀察到這些聲音所代表的含義。我們也開始試著去說，運用大腦去編寫這些聲音的代碼來表達內心，漸漸練就了和所處環境匹配的語言系統。

❖ 心理衝突

語言是自然發展出的，是由心理需要引發的結果，同時又深深地受心態影響。心理學中有一個流派叫「精神分析」，就是透過來訪者語言中的口誤，來察覺對方的潛意識。當你在公開場合說話時，若心裡想著「我好害怕，我要趕快逃跑」或是「我說話很差勁，他們一定會笑我」。持這種心態的你，如何還能表現出穩定自信呢？在這種心理衝突下，就會有各種各樣奇怪的行為出現，簡單來說是兩種本能心態：戰鬥反應和逃跑反應。

1. 較勁（趨向於戰鬥反應）

「較勁」是你的理智拼命想要說服內心感受，而你的內心感受卻不聽從於理智，這時候你的理智就會嘗試各種古怪而無效的方法。比如拼命地琢磨每個字的讀音或反覆練習某一句話，甚至有時候會帶著自我懲罰的色彩。

2. 放棄（趨向於逃跑反應）

「放棄」和「較勁」是相反的，你的內心感受完全控制了理智。或者說，你已經放棄了理智，呈現俗話說的「愛怎樣就怎樣了」，這時候你會開始胡言亂語，或奪門而出。

❖ 關於催眠和心理調整

下面引用一個個案的真實自述：

❞ 您說得很對，心理防禦機制使我容易胡思亂想而造成巨大的緊張，說話時不自覺將重點都放在單個片語上，導致語無倫次，結果更加緊張了。我覺得故意放鬆好像也行不通，了解您所說的安全理論之後，迫使自己從舒適區進入非舒適區，帶著恐懼逐步有意地放鬆身體。雖然我依然能感受到內心的恐懼，但身體沒有原來那樣僵硬了，開始體會到，說話緊張是可以透過催眠手段克服的。

我能感受催眠對神經系統有抑制作用，在第6、7次催眠的時候，感覺到神經系統鬆弛了，這是突然感覺到的。後來躺在沙發上，覺得腹部或是橫膈膜一下子放鬆了，非常舒服。大腦的放鬆帶動全身的放鬆，反過來，全身的放鬆也有助於大腦的放鬆，於是因緊張引發的大腦空白逐步減少。後來雖然也處於緊張狀態，但由於能夠有效地放鬆，能控制住表現，不會像原來那樣在現場放棄自己，造成離奇、不可思議的怪現象了。

”

在本書中，我會具體解釋關於安全感、防禦機制以及一系列心理學的問題，讓你明白為什麼公開說話會有這麼大的反應。並且我會在催眠中，運用身體、心理、認知三者互動的方法，讓你學會如何自我調整。讓我們的人際冒險變得沒有懲罰感，而是充滿發現的樂趣，也讓我們在他人面前做真實的自己吧！

— 第 1 章 —

原來我們都是這樣學會說話的……

SOCIAL COW

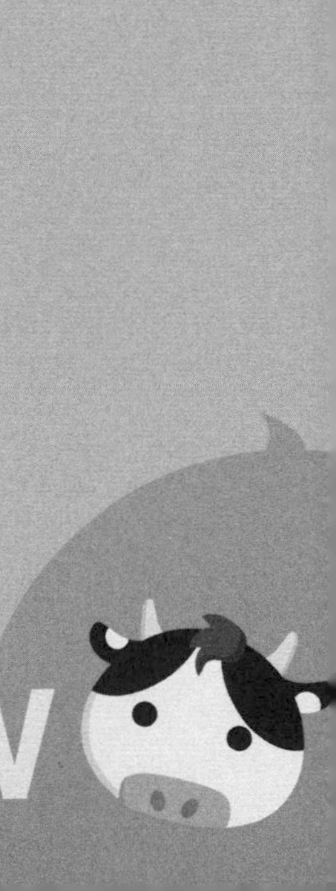

1-1 無意識的交流階段——自己就是宇宙的中心

首先，我引用一位參加過口才訓練班的學員自述：

”我是一位銀行的工作人員，來這個訓練班想要解決的是上台說話發抖、和主管說話緊張的問題。其實我知道自己要表達什麼，但就是說不出來，也不知道問題出在哪裡，這件事情一直折磨著我。後來參加了口才訓練班，可是這個狀況還是存在。

後來，我的主管找我談話，說要提拔我當部門主任。照道理說，我應該像其他人一樣感到高興並欣然接受，但當時卻感覺天要塌了，自己實在勝任不了這個職位，原因就是我不敢在公開場合說話。當時主管勸了我半天，只好硬著頭皮答應下來。當天回到家時感到渾身無力、兩腿發軟，對前途充滿畏懼。我不知道如何面對未來這一切，如何面對手下幾十名員工。”

聽完這個案例，是否會引發你的思考？

說話是什麼？為什麼我們要說話？說話是出於交流的需要，也可以說是社交的需要。

下面我講的所有心理學理論，都是為了抽絲剝繭，讓你能夠繞過那些

表面上有道理，但實際無意義的自我解讀和努力。因此，讓我們回溯到嬰兒剛剛出生的那一刻，第1章我們要從最初的起源開始，瞭解語言形成與發展的完整過程，才能有一定的理論基礎，幫助你徹底領悟其中的緣由。

很多語言學家和教育學家，把人的語言發展分為七個階段，這是一個常見的分類。下面我就從這七個階段入手，用心理學的理論結合公開說話和社交問題來談一談。

嬰兒剛剛出生時一切處於混沌期，無論視覺、聽覺等感官還是身體能力，嬰兒可認知的範圍都是很小的。這個時期的嬰兒，心智完全處於幻想的狀態，我們也稱作全能自戀期，會視自己為宇宙的中心，以為只要動一動念頭，整個世界就會為之改變。當他發現自己的需要沒有得到滿足的時候，就會開始面臨生理與心理的雙重折磨。

生理上可能是饑餓、口渴、大小便不適等，而心理上則會有一種深深的失控感。因為不理解為什麼會有難受的感覺，所以只能用自己擁有的原始能力——哭鬧來表達。哭鬧所發出的聲音是嬰兒獲得的第一份禮物，這份禮物常常伴隨嬰兒失控的感覺噴薄而出，這是人類生理與心理的原始本能。

孩子發出的這種原始聲音也是多種多樣的：有的哼哼唧唧、有的號啕大哭，還有一些無意識的聲音。我們會發現一些很神奇的事情，比如，媽媽能夠從不同的哭聲中分辨出孩子的不同需要，這說明即使哭聲也是有細微差別的，孩子是在表達不同的身心需求。

以上所說的就是第一階段——無意識的交流階段，這個階段發生在出生到4個月大。父母對嬰兒的哼哼唧唧或啼哭聲，會根據自己的想法作解釋，所以這一階段又稱為「解釋性的交流階段」。

當一個生命開始對外界有感知，接受外界訊息的功能就開始了。心理學發現，嬰兒接受訊息有一些共性的選擇，我們稱之為「群體潛意識」。

在這裡我可以用一個有意思的現象來舉例：嬰兒第一個接收感知的器官是母親的子宮，研究群體潛意識的弗蘭克爾發現，大多數孩子畫的第一幅作品是一個圓圈，他認為這就是嬰兒對於子宮這個體驗的投射。這就是最原始的訊息輸入、輸出過程，也是最原始的說話表達基礎。

1-2 有意識的交流階段——訊息大量輸入時期

有心理學家認為，嬰兒一開始沒有意識到自己的發聲或啼哭能夠影響父母的行為。但如果父母自孩子出生後第一天，就把他們當作交流的個體，對孩子的不同聲音作出不同的應答，例如用簡單詞句對他們說話，或以較高的音調和誇張的聲音逗引他們。嬰兒在這樣的環境中會懂得尋找交流對象，漸漸產生與父母之間的互動，例如用哭聲索要擁抱、表達饑餓，或要求更換尿布等。

這時，嬰兒的心智就開始發展了，會慢慢察覺到原來身邊還有媽媽這樣一個人存在。於是嬰兒從一人期轉變成兩人期，這就是嬰兒開始真正認識這個世界，並與這個世界產生聯繫的開始，也是好奇心的開始，這就是表達需求最原始的心理動力。這時候嬰兒進入了語言發展的第二階段——有意識交流階段，這個階段在4到9個月大時。

這個時候，嬰兒會有交流性的眼光注視，不但注視事物，還會轉向父母、注意父母的語言，此能力的出現，意味著嬰兒與父母產生有意識的訊息傳遞。不僅如此，9個月大的嬰兒還可以理解一些名詞，如「球」「狗」等。

這時期的嬰兒會透過所有感官去探索世界：例如把東西放到嘴裡，也就是透過嘴——這個喝奶用的第一敏感器官來感受某個事物、這個世界。又如到處爬、到處摸，出於好奇而用自己的身體去感受世界的方式。

此外，嬰兒除了對外界，還會對自己產生好奇，例如他們吸吮、觸摸自己身體器官的行為，就是認識自己的表現。

這個過程是一個訊息大量輸入的過程，可以說是為了開口說話做準備。這個時候如果媽媽能夠和第一階段一樣，和孩子繼續建立流暢的關係與連接，這份好奇心與交流慾便會得到很好的鼓勵與滋養，孩子會越來越關注外部的事情，獲得越來越多的訊息與經驗。

反之，如果一位媽媽總是忽略或用不當的形式回應嬰兒的需求，嬰兒這第一份對外界的好奇就會受阻。這時候他們就會做出哭鬧或有攻擊性的行為，甚至對外界的事情不理不睬。有部分心理學研究者認為，這也是自閉症的病因，我們知道自閉症最主要的表現，是完全不去社交、不回應外界甚至幾乎不開口說話。

講到這裡，我想到了一個曾經聽過的荒謬例子，也就是我們心理圈比較出名的「讀經寶寶」事件：一位媽媽從嬰兒剛剛出生，除了照顧吃喝拉撒，就是給孩子讀經。當嬰兒長大一點開始會表達後，她發現孩子對此有煩躁不安、不予理睬的現象時，會強硬地把孩子的頭扳回來，結果使孩子產生強烈的對抗心理。

這個行為聽起來非常荒謬，但在生活中卻時有發生。這些不當回應的現象，使孩子喪失了與外界建立的連接，長大必然會出現社交問題。

1-3 單詞階段——開始與外界交流

當嬰兒憑著好奇心與媽媽建立穩定的關係後，這份好奇心就會擴散到各方面，包括對人和事物等。隨著孩子身心成長，表達欲望也從吃喝拉撒的原始動力，昇華到探索世界的需求。而探索外部世界、與社會交流，這就稱之為「社交」。

嬰兒懷著這種探索的動力，發現媽媽是可交流的，於是開始進一步探索每一個他們認為可交流的對象。他們用自己的方式開始嘗試和爸爸交流、和其他人交流、和接觸到的小動物交流、和身邊的玩具及物品交流，他們強烈渴望能夠順暢地表達所思所想。

終於，他們發出了第一個原始同時有自控的聲音——媽媽。研究語言群體潛意識的心理學家注意到，很多國家都是把母親稱作「mama」。他們認為基於兒童的生理結構，第一個能自主、有意識發出的語音就是「ma」。

而根據人類的心理特點，孩子能第一個觀察到的個體便是媽媽，第一需求人也是媽媽，因此自然會把第一個能夠自主發出的語音與內心的需求對應，這便是「媽媽」的由來。那麼可能你已經猜出來，嬰兒能第二個自主發出的語音則是「baba」了。

這是我們有意識發音的開始，或者說是語言的開始。

從無意識發音到有意識發音，是人類思維品質的一大飛躍，也是與動物有區別的本質之一。嬰兒靜靜地聆聽、觀察，聽到成人說出來的聲音，觀察到這些聲音所代表的含義，帶著之前所有的積澱，他們也開始試著去說。

這是一個不斷試錯的過程，生命的本能與好奇促使他們不斷去嘗試，漸漸找到每個說出口的單詞與其所匹配的意思。這便是第三階段——單詞階段，也就是語言真正開始的階段。

約 12 個月的嬰兒會說出單詞，這些單詞的性質大多數為名詞，此階段的嬰兒至少能說 50 個單詞。到了 18 個月左右會發展為說片語，這時兩個字的片語就會出現。

1-4 詞組階段到句子掌握階段——語言能力快速發展

從第四階段到第六階段，分別為片語階段（18～24個月）、早期造句階段（24～36個月）、句子掌握階段（3～5歲），孩子經過這三階段，語言能力日趨完整。

比起上一小節說明的單詞階段，也就是詞與意一一對應的關係，孩子從片語階段開始，產生語言中的邏輯且越來越強。他們透過外部觀察、學習，已經能運用大腦中的訊息加工系統，去編寫這些聲音的代碼來表達內心想法。

代名詞、介詞、形容詞以及其他語法的應用，無不透露著幼兒的思維水準和能力發展。這同樣是一個不斷試錯的過程，過程中孩子如果沒有受到外界的懲罰評判，就會有勇氣不斷試錯，漸漸練就和所處環境同步的語言系統。

隨著嬰幼兒思維品質的提升，大腦中的訊息加工系統也不斷發展，這個階段的語言能力飛速發展，而語言的練習和回饋，又反過來幫助他們提升思維。思維是人腦的機能，是對外部現實的反映；語言則是實現、鞏固和傳達思維的成果，即思想的工具。思維和語言兩者，一起構成了人類特有的語言思維形式。

著名心理學家皮亞傑，曾經專門研究兒童思維與語言這個領域，認為思維和語言是相互依存、互相促進的。語言是現實的思維，是思維的物質外殼；語言的外殼又總是包含著思維的內容。思維的發展推動語言的發展，語言的發展又促進思維的發展。

他認為一般來說，語言的發展水準標誌著思維的發展水準，但它們有各自的獨立性和特殊規律。從這些理論我們可以瞭解到語言和思維是有直接聯繫的，這也是為什麼當人緊張時，會胡言亂語的原因。

但在我接觸到的所有因為社交恐懼影響言語功能的個案中，就皮亞傑所說的「語言的發展水準標誌著思維發展水準」，可以說是完全不適用的。相反地，這些尋求我幫助的案例，大多數是公司的高層主管，他們無一例外地擁有聰明的大腦、卓越的思維，至少沒有思維影響語言水準的可能。

他們在熟悉的人面前能侃侃而談，從觀點到邏輯都沒有任何問題，即使參加語言技巧類的培訓大多也是為了錦上添花。真正阻礙他們公開說話，使他們語無倫次、張口結舌、喪失思維能力的，是他們內心的自卑、自戀與潛在的防禦。

1-5 完整的語法階段——5 歲是語言發育的分水嶺

有些專家認為，5 歲是語言發展的分水嶺，語言的發展此時出現根本性改變，不僅句子更加複雜化，句子含義和語言用途，也往更高級的程度發展。整體來說，孩子從出生到 5 歲，語言是一個橫向擴充、累積的階段，5 歲之後，語言開始縱向且往更高級的風格發展。

我們經常會評價一些成年人，說「這人說話沒水準」「這人言語粗俗」等。而這裡說的「沒水準」和「粗俗」，不單單指用詞過於簡單或低俗，同時也指一個人說話乏味無趣，不得體、不恰當等。

有些知名的「段子手」，雖然語言中沒有華麗的辭藻，但十分輕鬆、有趣。

反之，有些人為了吸引眼球刻意追求的幽默，卻顯得乏味蒼白。

那麼，說話的「水準」到底來自於什麼？如何在社交中展現自己的語言水準呢？我們可以試想一下，當一個人關注你、嘗試和你交流溝通時，你的感覺是什麼？又如果他根本沒有聽你說話，甚至對你視而不見，只是以自我為中心表達，你的感覺又是什麼？

一場失敗的講話，哪怕辭藻再漂亮，但若根本不瞭解聽眾所思所想，那麼就成了一個人的演講，很難得到共情，說白了就是說不到別人心裡去。

如果加之本來就對公開說話的能力缺乏自信，時刻關注著自己表達得是否流利，此時就好像人格分裂：一個人在講話，另一個人在自我評判，如此複雜的內心戲下，怎麼可能再有餘力照顧到別人的感受呢？那時候你眼中的聽眾，也成了幻想中的評判者，和你內心的聲音一起給語言挑毛病。

是什麼阻礙了我們打開心扉去看世界、看他人？你閱讀前文時可能已經發現，健康的孩子從兒時與父母的互動中，已經培養出健康的模式。心理學中有一個專業名詞「抱持性環境」，是指媽媽溫柔地抱住孩子，給予關注與愛，而不是懲罰與評判。反之，孩子會出現過度在意外界回饋、與外界交流恐懼、緊張等社交問題，這些內容在後面的幾章中會再具體談到。

上一階段我們談到思維對語言的影響。從催眠流派來講，我們偏向把思維歸類於意識層面，認為思維更趨向於思考與邏輯原則。而下面我談到的——想像力與創造力，則較常被歸類於潛意識層面，趨向於感覺原則。所謂的靈光乍現、靈感突發，這些詞形容的就是那種說不清、道不明的感覺。

也有心理學學派把想像力與創造力，稱為邏輯思維與創造思維、歸納思維與發散思維等。總之，這是截然不同的兩個部分：一個是試圖創造一種規則，並按照這種規則執行；另一個則是去打破這種規則。兩者有相反的含義。

我認為語言的高級性，大多來自於潛意識層面所帶出來的東西，就像很多「段子手」丟出來的梗令人意想不到，也就是所謂的不按常理出牌。簡單地說，他們不遵循我們的邏輯思維和慣性思維，而是發揮了自己的創造力。我們經常接觸到的詩歌、散文，其中的韻味、意象，也來自於想像力和創造力，而不是像數學公式一樣有一套計算法則。

相反地，潛意識層面同樣會影響我們的語言。當心裡有某種情緒，多數人在語氣中會不由自主地透露出來。當心裡充滿抗拒緊張，說話自然也會受到影響，就好像「卡關」了一樣。很多心理學談話流派也會在語言談話過程中，捕捉潛意識的訊息，並透過語言中無意透露的潛意識來解決問題。

專家建議

剛才所說的任何一個階段，如果父母有所失誤造成孩子的心理受到創傷，都有可能使孩子出現社交問題，例如口吃、自閉等。而社交對於我們內在的情緒反應，也是有不同挑戰層級的，就像我們在越熟悉的人面前講話會越自然，面對溫和的人也更容易放鬆。

對大多數人來說，正式的公開說話，會比非正式場合或與熟悉的人講話，心理挑戰大得多。這是為什麼呢？我們將在後面的幾章學習到。

— 第 2 章 —

為何不敢開口？絕對不是你不夠好

SOCIAL COW

2-1 害怕是出於人的本能，不是你特別膽小

本書的序言引用了一個真實案例，案主分享自己的故事：他因為公開說話困難而參加培訓班，在培訓班上雖然取得了進步，但是在結業後不到半個月的時間裡，在新的場合中又回到原來狀態，再也找不到在培訓班結業典禮上侃侃而談的感覺了。另一位朋友跟我說了他的情況：

> 我在好朋友和家人面前話多著呢！但一到公開場合我就不知所措，不知道說什麼好了。其實我心裡蠻喜歡和人有交流的，但他們都以為我很內向。我每次參加社交活動之前，都在腦子裡打一遍草稿，想想我能說什麼、有什麼共同話題，

可是當下就什麼都想不起來了。向主管彙報工作時也是，準備得再好，表達也都不盡人意，主管說我太緊張了。

“

你在生活中是否也有這樣的情況？表達障礙不是隨時隨地發生，而是針對某些特定場合呢？

就像我上一章所說的，不同的社交場合有著不同層級的挑戰。大多數人在熟人面前講話自然，面對溫和的人也更容易放鬆，這是為什麼呢？因為在我們的潛意識本能中，會害怕以下提到的四種情況。

為了便於理解，我們先來瞭解一下本能是什麼。簡單來說，本能是隨著我們的動物本性與生俱來的。心理學的防禦機制大多也屬於本能，是為了擁有更好的自我保護。

知識補給站

本能是什麼？

本能是什麼？本能是指一個生物體趨向於某一特定行為的內在傾向。其固定的行為模式非學習得來，也不是繼承而來。實例可從觀察動物行為得知，牠們進行各種活動（有時非常複雜）不是基於之前的經驗，例如戰鬥、求偶、逃生、築巢等，而是出於本能，其近義語是先天行為。

1. 陌生代表可能有危險

出於我們動物性的本能，「陌生」就代表可能出現危險，不利於生存。因此，在生活中我們常可以觀察到這樣的現象：有些人在陌生的場合或接觸陌生人時會覺得無所適從，有些人喜歡拉上一些熟悉的朋友才覺得安全，還有些人拒絕接受新事物、新思想等。

我有一個公開說話出現問題的案例：案主的工作需要參加不同社交聚會，但每次聚會之前他都很緊張。他有一隻從小陪他睡覺的小白兔娃娃，只有抱著這個娃娃才能感覺安心一些，小白兔都已經被他抱成了小黑兔。「但我一個大男人，再怎樣也不能抱著一隻小白兔去聚會呀！」

這位男士描述的場面想來確實十分可笑，從心理學上來說，他就是在用一個熟悉的物品安撫自己潛意識中的不安，心理學中把這個熟悉的東西稱作「過渡客體」，認為是嬰兒脫離媽媽懷抱的安全感之後的代替品。很多人在陌生、不適應的場合，喜歡拉著一個熟人陪自己，也是這個道理。

有很多人都像這位男士一樣，面對新的社交環境和人群時，說話就會出現問題。

2. 人群造成的壓力

試想一下，當一個落單的動物碰到一個陌生族群，它的本能反應是什麼？這就是我們面對人群，尤其是面對陌生人群的焦慮、恐懼。面對人群的數量由少到多，焦慮、恐懼呈上漲的趨勢，直到達到一個心理閾限。

也就是說，有些人面對幾個、十幾個人時，感覺壓力還能承受；增加到幾百個人時焦慮、恐懼會變大；當達到幾千人、幾萬人時，焦慮、恐懼會達到頂峰，有人到了這個閾限之後會表現出心理崩潰的狀態，出現大腦空白、胡言亂語，甚至大喊大叫等反常現象。但也有人此時反而呈現壓力下降的狀態，因人而異。

3. 面對強敵

小時候我曾經養貓，清晰地記得我家的貓碰到一隻大野狗之後，弓起背、豎起毛，這就是一種十分驚恐的狀態。動物遇到強敵時，本能會呈現這種狀態。我們人類在生活中遇到內心比自己強大、社會地位高的人，甚至戀人，都有可能出現這種原始的心理狀態。

這種心理狀態是一種原始的本能，但事實上那些我們認為強大的人，從自然的角度來看都是普通人，並不像動物界中有強弱上的懸殊，為什麼我們仍然會產生這種原始反應呢？

這是因為心態出了問題，我們會賦予一個人很多社會化的定義，社會群體也有一個群體潛意識，認為什麼樣的人是社會地位高的、強大的人。同時，當你把這些社會定義與自尊、人格聯繫在一起，更激化了懼怕的狀態。

4. 其他原因

除了以上幾點，有的人還會對其他特定對象產生社交恐懼，比如我曾經接觸過很多案例，案主在和異性接觸時會產生特別的社交恐懼，還有的在親戚聚會時會產生很強的不適感，這些都有心理學的專業解讀，這裡我就不具體談了。

眾所周知，人類面臨實質性的安全問題已經遠遠低於其他動物，但人們總會提到一個詞叫作「安全感」。為什麼住在安定環境下的人類，也常常會說自己安全感不足？由此可見，人類所說的安全感更多是指心理體驗。

正如第 1 章所說，我們剛剛出生那一刻，本來對外部環境充滿著好奇，但在語言發展的各個階段，也許我們被忽視、被批評或被糾正，這些都會引起不安和焦慮，在心理上感覺自己受了攻擊，或產生低自尊、不如別人的心態，同時對外界的好奇心會一點一點被阻礙甚至磨滅。我們的「內心戲」越來越多，開始在意外界怎麼看待、評價自己，害怕或擔心自己的表現不夠好。

在這種內心不穩定的情況下，我們的本能認為已經無法透過自己的力量來保護自己，於是，原始防禦機制便開啟了。本能會向我們發送危險訊號，這時潛意識會保持警惕，這種下意識的警惕會讓交感神經處於高度緊張的狀態，這就是焦慮、恐懼。在面對那些本來不會帶給我們實質性危害的情況時，我們卻像小孩、小動物一樣戰戰兢兢，接受著原始心態的挑戰。

心理學認為，越社會化的行為越需要更完善、更強大的心理素質去支撐。比起和家人之間的相處，一些公開、正式場合的溝通是更社會化的行為。而隆重的公開演講對於大多數人來說，比部門活動的社會化水準又要高一些。

社會化的標準不能一概而論，群體潛意識研究發現，對於大多數人來說，社會化有統一的層級，然而對於個體而言這些層級又略有不同。

比如對有些人來說，公開演講是非常緊張的，他們更喜歡隨意的討論；而對於另一些人來說，背誦稿子比突如其來的發言容易一點。因此社會化的心理狀態標準，是群體潛意識與個體潛意識的結合。

知識補給站

什麼是社會化？

指我們剛剛出生時，表現出較多的動物本性，或者說是潛意識本能，在心理學中也叫作「本我」，例如吃喝拉撒這些生存的需求，就屬於本我的表達。

隨著慢慢長大，開始漸漸認識到自己存在於群體社會中，認識到社會規則，學習到適應社會的生存方式。我們的行為是慢慢昇華的，開始知道要去固定的廁所大小便，在餐桌上要講究禮儀，之後會追求一些社會認可的東西，比如上學、工作等等，而這個昇華的過程就稱作社會化。

2-2 剛剛好的自戀最健康

曾有一位案主這樣說：「我知道很多人面對主管或者比自己位置高的人會緊張，我卻不是，因為我覺得主管水準高於我，所以即使犯一點錯誤也沒有關係，面對下級的時候我反而會更緊張。」這位案主的緊張表現，與前文提到遇到強者產生的緊張性應激反應截然相反，這兩種現象背後卻有一個共同的心理原因——自卑，現在讓我們一起來談談這個關鍵詞。

心理學的精神分析流派認為，有四個一級詞彙能解釋人內心本質，自戀是其中的一個，自卑則歸類於自戀。可以這樣簡單解釋，我們平時所理解的自戀是「自戀過高」，而自卑是「自戀不足」。

現在就讓我們好好體會一下自戀這個詞，如果你能參透自己內心這種下意識的心態並自發地調整，說話困難以及由此引發的一系列防禦行為，自然會隨之改變。在本書的第 1 章，我談到了語言發展的七個階段，從無意識的交流階段，到有意識的交流階段。這個過程需要媽媽的不斷呼應，讓孩子從內心認識到這個世界除了自己還有另一個人，那個人就是媽媽。

這時孩子就會從一個人的世界走向兩個人的世界，慢慢開始區分什麼是自體，也就是自我；什麼是客體，也就是自我之外的世界。

我的一位案主告訴我，每當他出現說話問題，內心就會感覺無比羞恥，好像自己一絲不掛地暴露在人前。最奇妙的是，每當有重要的公開說話前一天晚上，就會做同一個夢——自己在街上裸奔，這可以說是非常具有心理學意味的大夢。所謂大夢，就是對自己心理有重大意義的夢。

大多數公開說話困難的人，會把這件事當作最大的缺點，對此充滿羞恥感甚至罪惡感，他們十分擔心暴露缺點、思想被看透，感覺失去了所有的防禦，就像沒有皮膚的人。這些心態皆來自於，從無意識的交流階段到有意識的交流階段沒有過渡好，而造成的自體與客體不分，也就是內心的某一部分仍然沒有分清楚自我與媽媽、自我與外界的關係。

就像第1章所說，嬰兒剛剛出生時一切處於混沌期，無論視覺、聽覺，還是其他身體能力，可認知的範圍都是很小的。這個時期的嬰兒心智完全處於幻想狀態，會以為自己是宇宙的中心，只要動一動念頭，整個世界就會為之改變。所以這個時期的心態就是你我不分。換句話說，自己是宇宙的中心，所有人都在注意著自己，所有人也都能參透自己的心思，自己的缺點也會瞬間暴露給全世界。

請讀者回憶一下，當出現說話問題時你的心態是什麼。是否感覺所有人都帶著萬分挑剔的眼光在審視你？是否明明知道別人可能沒那麼在意你，但想法就是扭轉不過來？是否特別關注別人的評價？這就是不合理的自戀表現。

為什麼我們會出現病態自戀這種心理狀態呢？精神分析大師科胡特認為，每個人在嬰兒期都有自體自大傾向，例如稍稍得不到滿足就會大哭，在嬰兒期這是正常、健康的表現。在心理世界中，他或她是全能的「上帝」。

「上帝」被養育者所滿足時，會獲得快樂；反之，會因遭受挫折而暴怒。然而，養育者如果經常有情緒問題，會在養育嬰兒的時候反映出來，在互動中內化到嬰兒的心理訊息處理系統，成為之後無意識判斷人際關係的某些基礎感情。

比如，某些人雖然也有焦慮的時刻，但整體基調是積極向上或外向的；而另一些人整體基調就偏焦慮或抑鬱。這些情感基調就來源於童年形成的基礎感情，就像一幅畫的色調，需要養育者剛剛開始描繪的時候，就設定好人生的底色。

在英國客體關係學家溫尼科特著名的錄影實驗中，一個快樂的嬰兒和一位抑鬱的母親相處一個多小時後，嬰兒的臉也變得和母親一樣抑鬱了。這就是科胡特所提及的著名觀點：轉變的內化作用。若長期如此，會對嬰兒成人後的人際關係能力產生直接影響。這個理論說明，一個人小時候和母親與外界的互動，包括這種互動中對於自戀以及其他心理狀態的影響，為成人後的人際關係，也為包括公開說話這些社交能力，打下了重要的心理基礎。

科胡特提出，人的原始能量（或稱為力比多）如果能夠正常地向原始客體（一般來說是母親）投注的話，那麼在這個人以後的生活裡，就能夠順利地愛上其他的女人。反之，如果力比多向原始客體的投注受到阻礙，這個人的力比多就可能投注到母親的替代物身上，比如長頭髮、高跟鞋、女性的內衣等，戀物癖就是這樣形成的。

如果力比多既不能投注到母親身上，又無法投注到母親的替代品上，那麼力比多就可能撤回到自身，這就是自戀產生的原因。

也就是說，當孩子從無意識交流階段開始向外拋出橄欖枝，帶著原始的好奇心去探索世界時，媽媽沒有成功地呼應而造成了阻斷，孩

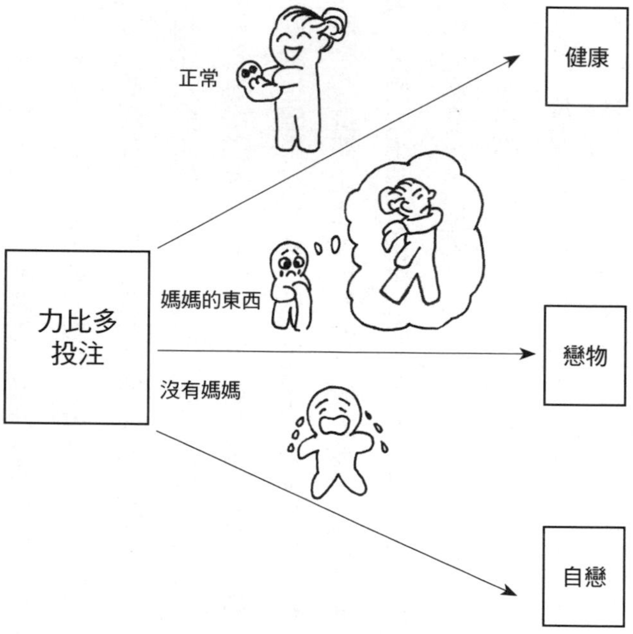

子就會出現病態自戀的現象，形成病態的人際關係基礎感情。

胡科特認為，嬰兒若不能與心理期待配對成功，大腦會根據實際情況放棄這一正常的養育和被養育的循環，而以自體幻想性循環來替代、補償這一自戀之需要。這樣的幻想往往阻礙了自體瞭解正常自戀的現實性，超出常人所能接受的範圍，而形成自己獨有、過分的自戀。

也可以這麼說，嬰兒的心理期待若常常不被客觀滿足，就會生成一種心理防禦機制，透過幻想來彌補自己自戀的需要。所有過分關注自己的表現，我們稱之為不合理、帶有太多幻想的自戀。

1. 健康的自戀

是指一個人能夠發展自己的能力，並且能夠透過自己的能力滿足需要（他的能力配得上他的自戀）。

2. 病理性自戀

是指一個人的自我是誇大的，透過自吹自擂或幻想把自己裝扮得非常強大。

其能力不能滿足需求的時候，就會變得非常抑鬱（他的能力配不上他的自戀）。

也可以說不健康的自戀即病理性自戀，會用幻想的形式來滿足自己，而不以客觀事實為基準，或者沒有能力完成客觀事實並獲得回饋。

”我每次在公開場合說話之前，都會一遍遍地在腦子裡做演練，並不由自主地幻想那場講演表現得非常好，所有人都為我鼓掌。可隨後又會產生演講失敗的場景，周圍充滿了人們質疑和嘲笑的眼神。越是這樣幻想，越是緊張，真到了演講的場合時，內心就好像分成兩部分，一部分鼓勵自己去演講，而另一部分則不停地揣測別人怎麼看自己，並且反覆自我評價。“

從這位案主的表達我們可以看出，他一方面幻想實現完美的自戀，一方面又擔心自身能力配不上他的全能自戀，於是產生了敵意幻想，這些都不是基於客觀事實的。

精神分析認為，人的力比多總量是有限的，如果一個人的力比多過多地投向內部，那麼朝向外部的投注就會減少。這種人的內在更容易孤獨和抑鬱，因為他沒有真正與外部連接。越不連接越是自卑，從而造成惡性循環。「其實我心裡非常願意和人交流，但說話問題影響了我。」這位案主說的就是這種情況。事實上不是說話問題影響了他，而是內心自卑與自戀的心態影響了他。

自戀現象包含兩個看似完全相反的內容——自大與自卑，這兩者都是過度關注自己的表現。所謂自卑，從心理學角度來看，是喜歡自我攻擊以及自我折磨。當一個人的力比多與攻擊性過多地指向自身，以至達到惡性的程度，就可能產生自殺的後果。換句話說，自戀的最高境界可能導致自我毀滅。

精神分析依據「絕對值」來評判一個人的自戀程度，認為「世界上沒有一個人喜歡我」與「世界上每一個人都喜歡我」，其自戀程度是一樣的。因此很多社交有問題的人背後潛在的心態，是希望每個人都欣賞他，只要有一個人不喜歡他，他的整個世界就不好了。

如果讀者希望瞭解得更具體，那麼你可以進入下面的練習看看。

練習看看

檢視社交場合中的恐懼情緒

❶當你出現社交講話恐懼的情緒時，請馬上檢視一下，這種情緒屬於本能反應的哪一點？是面對了陌生人？人群？強敵？還是其他的什麼呢？

當你察覺到的時候，請告訴自己——自己是安全的，這些原始的反應是沒必要的。

❷在一個安靜的時間，回想讓你印象深刻的社交講話場合，以自戀為主題察覺自己的心態，並試著自我調整。

專家建議

心理學解決問題最主要的方法，是把潛意識意識化。也許在學習前面內容之前，你沒有察覺到諸多情況是本能的反應，當你意識到後就有了更多選擇，有的人已經開始變好了。

在之後的內容中，我們還會進行更多的練習看看，並且學習一些自我催眠調整心態的方法，讓大家繼續去感受內心的體驗。

— 第3章 —

只要做好這幾件事，就能踏出主動說話的第一步

SOCIAL COW

3-1 能和外部環境順暢溝通

本書中經常出現「從一個人的世界走向兩個人的世界」這個高頻句，這當然不僅僅是讓個體走向兩個人的世界，而是走向多個人的世界、走向外部世界。換句話說，從只關注自己的心理動態轉向關注客體環境、能與外界互動，才能形成健康心理狀態下的溝通，突破公開說話的困難。

第2章的最後談到自卑與自戀，當你存在這種心態的時候，其實已經活在一個人的世界裡。精神分析流派透過五個面向來解讀自戀，本講我就來詳細地和大家談談自戀的這五個面向，以及它們如何影響了你的社交關係，包括公開場合中的說話。

洛依德把自戀分為「原發自戀」和「繼發自戀」。

原發自戀是指力比多投注於自身，這是新生兒的自戀特徵。在後續的正常發育過程中，力比多會逐漸離開自身，投向媽媽的乳房等外部對象物。如果力比多外部投注時受到挫折，重新返回自身，就稱為「繼發自戀」。以上理論前兩章詳細說明過，此處不再贅述。

因此，關於引發自戀的第一個原因，首先指的就是力比多不能順利地投入到外部環境，這可以說是引發自戀以及無法與外部環境順暢溝通的最本質的原因。

3-2 不要太在意「別人怎麼想我」

曾有來訪者對我說，每當他公開說話的時候，都會不由自主地去幻想別人怎麼看待他。我們稍微拆解一下，就可以發現其中的錯誤邏輯：「別人怎麼想他」這件事，他自己怎麼能知道呢？這種情況根本是自己評判自己，是他把自己內在評判的那部分，投射到別人身上了，這稱作「把自己當作他人（客體）」。

還有更嚴重的情況，有人甚至總覺得被監視著一舉一動，尤其是當自己一個人的時候，總感覺有一雙眼睛盯著他，但事實上他也知道沒有這回事。

後來這種情況越來越嚴重，幻想漸漸變成了幻覺，開始看到「鬼影」。這其實是他心中的鬼，我們也稱為內在壞父母的投射。

若一個人無論做任何事，都感覺別人在監督自己，心理學認為這是因為他內在有一位嚴厲的父親或母親，稱作「壞父母」。而什麼叫作「內在父母」？就是在我們幼年時期與父母的互動過程中所受到的對待方式，這種外部的聲音會內化進內心。而如果互動不良，久而久之就會有一位內在很嚴厲的父母產生，也就是上述的壞父母，這位內在父母似乎在每時每刻監督著自己。

知識補給站

內在父母 vs. 內在小孩

心理學理論認為很多人內心都涵蓋兩部分：內在父母和內在小孩。

「內在父母」是我們把小時候父母對待我們的方式，內化成為自己的一部分。「內在小孩」是由於童年的不良體驗或互動，導致內心沒有成長，而心理年齡比較小、兒童化的那部分。

心理學認為人能讓自己活出真正自我的重要管道，就是遵循自己的感覺，而不是遵循其他人的感覺。內在父母之所以成為壞父母，是因為那些聲音往往是強迫性重複童年父母對我們的要求，並不是遵循自己心裡真正的感覺。

當人站在客觀的角度看待自己、認識自己時，大多是使用眼睛去觀察自己，而很少用身體去感受自己，也就是把自己當作客體去對待，這也是我之前所談到自體與客體混沌不分的情況。

大家是否還記得我在第 2 章提到的那位案主？他非常敏銳地感覺到自己內心好像分成了兩部分，其實這就是我

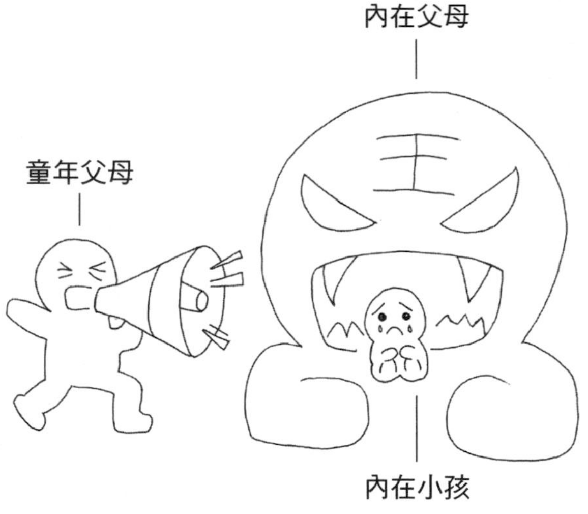

所說的內在父母與內在小孩兩部分。對於他來說，內在父母就是那個要求自己一遍遍去演練、做到最好，讓所有人都為自己鼓掌的那部分內心。

也許這位個案的童年，在學校和家裡的每一次表現都被父母一遍遍苛求，逐漸把這種高要求內化成了自己的要求。而他幻想出的他人質疑和嘲笑，實際上是他幻想中內在父母對自己的評價，而他緊張的那部分就是內在小孩。

內心越沒有成長好的人，內在父母和內在小孩的衝突越嚴重，內在父母會不停地對自己提出要求，但內在小孩又不能做到。我曾經遇到過這樣一位案主，他在每次公開說話之前，都要做十分周密的準備，甚至會把想說的話逐字逐句都寫下來，一遍遍地修改，但第二天仍然發揮失常。

後來他在催眠治療中出現了一個兒時的場景：媽媽坐在旁邊大聲呵斥他，要他反覆修改作業，直到媽媽認為完美為止。在我們的分析中他察覺到，其實他在強迫性重複小時候媽媽對待自己的方式，也就是把小時候媽媽對他的方式，內化成他的自我要求。這種方式對他公開說話並沒有任何幫助，反而增加緊張和不自然，甚至發揮失常，就是源於內在小孩下意識的反抗。

我們可以再深入地去講一下這個案例。

在我讓他好好體會和回憶之後，他發現，媽媽讓他一遍遍修改作業的結果不一定是完美的，修改直至完美只是他幼小的心靈給媽媽的一個合理化解釋。透過瞭解得知，他童年的家庭是焦慮的媽媽、消失的爸爸和獨生子的組合。

這點我在我的《簡易催眠術》一書中談到過。因為父母的關係不和，媽媽強烈地想要抓住爸爸、控制爸爸，而導致爸爸更想退出家庭，媽媽只好把這份控制欲移情到孩子身上。從精神分析的角度講，媽媽是在用讓孩子一遍遍修改作業這種方法，來發洩自己的焦慮和內在情緒。

在這裡之所以引出家庭關係這一點，因為這是引發我們與外界關係互動不良最本質的內心根源，之後我還會繼續分享。

3-3 避免以自我為中心

結合前述的理論來說，嬰兒出生的時候是混沌一片，分不清什麼是自己、什麼是外部世界。這時候媽媽會發現，嬰兒除了認識外部世界之外，也會用不同的方法來認識自己。比如，嬰兒會吸吮甚至啃咬自己的手指、腳趾，這就是瞭解自己的方式，而且他會透過吸吮的感覺、啃咬出現的疼痛，來確認這就是自己的身體。

除了身體層面，心理層面又怎麼得以確認呢？有句話叫作「以人為鏡」，即透過他人的存在來意識到自我的存在。也就是說，嬰兒初期都是透過媽媽的回饋來確認自己存在的。

如果一位母親跟嬰兒有良好的互動，嬰兒能很好地確認自己是誰、媽媽是誰，這時候嬰兒就能從一個人的世界走向兩個人的世界，也就是「分割」，明白自己是自己，他人是他人。

分割的過程中有時會面對獨立嘗試的恐懼、挑戰與挫敗，容易引發分割焦慮。這時候如果媽媽發出一些不用分割的訊號，或者媽媽本身就不願分割，那麼孩子就會停留在你我不分的世界裡。不能分割的孩子會試圖控制周圍的一切，把周圍的一切都當作「我的」東西，而我的東西就是「我本身」。

成熟的人都知道，不是所有事情都能受自己控制，或符合自己的想像和期待。當我們身處一個公開場合，每個個體都有獨立的思想和風格，絕不是可控的。

而自戀的人會在潛意識裡希望能夠控制全場，最簡單的就是讓所有人都覺得自己優秀，一旦周圍的人不符合他的期待，會覺得自己很失敗、不夠完整。這是因為自戀者內心還有不分割的狀態，下意識地認為外界就是「我本身」，而我本身怎麼能有壞的、不能控制的事情呢？

有一位案主在一次公開場合中對幾十名聽眾說話，大多數人都很專注，只有後排的一個人在低頭玩手機，他內心覺得非常挫敗。由此可見，他希望每個人都符合自己內心的期待、都專注地聽自己講話，哪怕只有一個人不符合這種期待，他都會覺得受傷害。但要知道，我們無法控制別人，即使全場都不愛聽你說話，或者你真的不擅長公開說話，也不代表你就是個失敗的人。

我還有一位案主極端到覺得世界上只有兩種人：擅長溝通的和不擅長溝通的。他認為連表達能力都沒有的自己，基本上沒希望了，顯然他無限放大了自己的弱點。事實上我們每個人都是血肉之軀，都有擅長的部分和欠缺的部分。於是我讓他在每次催眠中反覆感知自己的身體，使他充分瞭解是否擅長公開說話只是身體之外的一部分，這其實是在用催眠幫助他內心完成分割。

基於上面的理論，當一個人自體和客體不能分割的時候，經常會忽略自己與他人的差異，容易想當然地認為「別人跟我是一樣的人」，缺少區分自身與他人的能力。在這種情況下，個體傾向於把自己的個人意願、好惡投射給別人，認為別人必定和我有同樣的想法、感情、需求和願望。

3-4 不要求自己成為完美的人

由於病態的自戀是基於自我幻想，而不是客觀事實，因此常常是絕對化、追求完美的，但完美只存在於幻想之中。我有一個解決親密關係的個案，案主告訴我，她對交往過的男朋友都不夠滿意，她理想的對象是韓劇男主角，這便是幻想中的完美。韓劇中帥氣多金、無條件為女主付出的男主角，只可能存在於幻想之中，或者說這個角色根本就是一個幻想中的「好媽媽」角色。

這裡又引出了一個心理學概念——好媽媽。著名的心理學家溫尼科特提出「足夠好的媽媽」這一概念。他發現在嬰兒初期，各方面完全不成熟的嬰兒，會希望自己有一個好媽媽，這個好媽媽能滿足自己的一切願望，並且給自己無條件的愛。

但此時期的嬰兒所謂的需求，也只有吃喝拉撒睡和被抱抱等，相對比較容易滿足。因此，嬰兒有一個足夠好的媽媽，能全方位關愛和照顧他，身體和心理就會漸漸成長。

反之，孩子內心的一部分就會缺失，「內在小孩」就會一直存在。內心沒有長大的成年人，對好媽媽的需求不只停留在基礎需要方面，所以才會導致一系列現象，就如前文想找韓劇男主角做男朋友，案主沉迷於自體幻想出的完美。

希望每個人都欣賞自己的公開說話，也是一種潛意識追求完美的表現，這種人的心理動態是：既然我的媽媽是個完美的媽媽，那她應該符合我的期待。他把完美媽媽的內心期待投射到外界，也潛意識地追求「媽媽」認為好的自己。

內心沒有長大的自戀患者不但希望「好媽媽」是完美的，也要求自己是完美的。有的患者為了讓自己達到完美的境地，往往頭懸樑、錐刺股地虐待自己，讓自己達到「理想自我」的狀態。

在強求自己達到十分完美的過程中，有的人還會強求他人認同自己的想法，強求他人讚美自己。如果他人不順從或者不附和，就會產生憤怒，並貶低和攻擊。如前所述，不健康自戀的人內心是沒有分割的，因此會覺得自己是完美的，心中的好媽媽也應該是完美的，因為他們本來就是一體的。

我的一位案主性格非常溫和，他一開始並沒有察覺到自己強求他人。隨著我們聊得越來越深入，他才察覺到，公開說話也好、小範圍社交談話也好，只要涉及他自卑的層面，內心就開始對別人的回應有所期待，這種期待也是一種強求。

他還察覺到，當別人不能滿足他的期待時，他常常會嚴重地評判自己，偶爾也會冒出「這個人怎麼這樣」的念頭。我曾經在微博上談到：人的原始攻擊性必須有所指向，或許有時候我們把它指向別人、有時候指向自己。其實我們可以把這種攻擊性指向更廣闊的空間，讓它變成一種力量而激勵我們前進，這時候我們就完成了攻擊性的昇華。

世界上沒有完美的人，也沒有一無是處的人，因此，當你因為說話等問題而產生深深的自卑，你要知道，這個缺點只是自己的一部分。

練習看看

走出一個人的世界

帶著上述的不良心態與人溝通自然很容易失敗，那麼良好的溝通應該是什麼樣的呢？是從自己和自己較勁的內心戲走出來，看到外面真正的世界、真正的他人。應該怎樣調整自己的心態，走出一個人的世界呢？我們現在來談一些具體的做法。

❶ 找出自己心中的內在父母與內在小孩，避免把自己的內心動態投射到他人身上。嘗試從此時此刻開始帶著覺察的心，花幾天或者更久的時間，在你的實際生活中去體驗以下：

在什麼樣的場合、情況的說話中，你的內在父母開啟了？你在內在父母開啟的時候，內心都想了些什麼？感受又是什麼？

什麼時候、什麼情況下你的內在小孩開啟了？

內在小孩開啟的時候，你的內心都想了些什麼？感受又是什麼？

如果可能，請你把每次覺察到的片段記錄下來，並且觀察它們之間有沒有什麼共性。比如，在什麼時候內在父母特別容易開啟？

如果可能，讓內在父母和內在小孩談一談，尤其是公開說話這一內容。

在你想要改善的領域（比如公開說話的場合），請保持警覺去區分什麼是真正別人給你的回饋，而什麼只是你內在父母或小孩的想像。

❷ 區分自身與他人，完成心理上的分割。請你在公開說話前（或面臨挑戰的溝通之前），不斷用剛才所學的理論暗示自己：你是你、他人是他人，你們不需要保持一致，他人不需要符合你的想像，你也不用符合他人的想像，你完全可以做你自己。

❸ 利用每一次和別人接觸的機會，打開你的心扉真正地去看、去聽，真正地去瞭解外界和他人，也客觀地瞭解自己，接受不完美。

本書已經進行到第3章，相信認真閱讀的你已經具備一些心理學理論基礎，也認真地完成練習看看。之前我提過催眠這種方法，這也是我在個案治療和團體輔導中應用的主要方法。

這種方法幫助了很多對公開說話以及社交有障礙的人。雖然專業的催眠治療需要在催眠師的帶領下進行，但我仍希望經由自我催眠練習，能一定程度地幫助到善於自我催眠的人。如果你初始嘗試不太順利也沒有關係，找到催眠的方法需要循序漸進。

練習看看

學會自我放鬆，是勇敢說話的第一步

請選擇一個相對安靜，能讓你保持專注的地方，用一個舒服的姿勢坐下，內心反覆朗讀下面的催眠語句。

並隨著這些語句去感受自己，讓自己進入自我催眠的狀態。

現在我要去感受自己的身體，屬於我自己的完整的身體。

我不會草草了事，我會真正地去感覺，給我自己時間。

我能感覺到雙腳穩穩踩在地上，我從腳趾開始慢慢放鬆。

這種放鬆的感覺會慢慢向上傳遞，現在我的腳背、腳底、腳跟也開始放鬆。現在我能感覺到腳踝在放鬆，小腿在更深地放鬆。

膝蓋放鬆，大腿放鬆，臀部放鬆，現在我能完全感知到自己的下半身。

我能感覺到下半身因為放鬆，好像要沉入所坐的地方。

這種放鬆的感覺正繼續向上，我能感覺到我的腰部放鬆，後背和前胸都在放鬆，肩膀在更深地放鬆。

我知道此時此刻可以卸下所有的負擔，讓肩膀再一次更深地放鬆。

順著我的肩膀，上臂、前臂和指尖也逐漸放鬆。

這種感覺還在向上，我的脖頸在更深地放鬆，我的後腦在更深地放鬆。

我知道此時此刻可以放下思考，也不會試圖用我的頭腦去控制這一切，我會再一次感覺到後腦在更深地放鬆。

我的頭頂在更深地放鬆，前額在放鬆。

眉心放鬆，臉部完全放鬆。

此時此刻我能感覺到全部的自己都放鬆下來。

如果暫時感覺不到，我也會給自己更多時間或更多機會做這個練習。

現在我能感覺到自己的一呼一吸也變得更深長、放鬆。

此時此刻，我對我的身體完全有感知，能感覺到一個完整的自己就坐在這裡，停留在此時此刻。

（催眠結束）

或許這是你第一次接觸催眠。我在個案治療中，往往會透過十次以上的催眠來達成個案的目標。因此不必著急，不需要一天中練十幾遍，每天有時間的時候，去靜靜體會一次即可。

如果經過反覆的練習後已經很熟悉這些語句，那麼你可以閉著眼睛在心中默默背誦，不用逐字逐句，只要知道這個過程就好。你也可以閉著眼睛，讓你放心的人坐在旁邊，幫你讀出這些語句。

當你反覆熟悉這種身心的放鬆感覺之後，請把它用在公開說話之前或過程中，以及任何讓你緊張的時刻。透過練習而熟悉放鬆感後，這種經驗在你需要的時刻就會自然地出現，讓我們從現在就開始改變吧！

專家建議

要塑造健康的自戀觀，能夠區分自身與他人、理想和現實，要對自身有一個客觀的認識和判定，做到自身主體與客體的和諧統一。而不健康的自戀包括自戀過高和自戀不足，都是沒有認清客觀事實與自己的能力（或是意識層面是知道的，但是心裡沒有接受），從而導致自我評價過高或自我評價過低，這會影響社交溝通。

本章最後我送了一段催眠詞給你，這段催眠詞可以讓你練習對身體的感知與放鬆。透過身體帶動心理，加強心理的放鬆與安全感，從內心慢慢開始練習分割，幫助你在社交溝通中更加放鬆。

— 第 4 章 —

學會自我肯定，在社交中也能好好「做自己」

SOCIAL COW

4-1 社交能力建立於這兩個部分

曾經有讀者在我的公眾號留言說：心理學的書真的需要一句一句，甚至一個字一個字地看，慢慢琢磨才能懂。這位讀者說出了心理學的特點。不同於其他學科，心理學是一門需要去體會的學科，並不是你透過課本就可以學習到的，而是需要把看到的與生活中的體驗相結合。

不知在閱讀前面內容時，讀者是否把我的分享帶入了個人體驗？或者已經在公開說話等社交場合有所改變？心理學有一種大家公認的治療方法，叫作「潛意識意識化」，也就是當你能夠瞭解自己不曾察覺的心態，便有了選擇，可以不再按照自己以前下意識的固有模式走下去。

讓我們繼續來瞭解，怎樣才能讓人更舒服地社交，更自在地講話。

馬丁．布伯寫過一本書叫作《我與你》。書中講的是人與人之間主要存在的兩種關係——「我與你」和「我與它」。大家可以注意到，並不是「我與他」或「我與她」，而是「我與它」。

馬丁．布伯認為，當一個人以自我為中心，會將外部的所有客體視為達成目標的工具或對象。這時候其他的人也好、物也好，都淪為了「它」，這時構建的是「我與它」的關係。

如果用自戀的理論來解讀，「我與它」的關係即是我所說的一個人的世界：

我與你

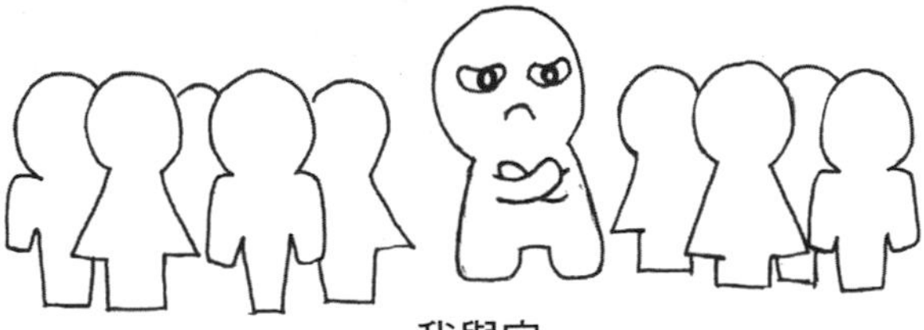

我與它

除了自己之外，其他的外部世界只是為我所用、給我回饋的工具，我既想要控制、支配這個世界，又覺得外部所有的事物都在圍繞著我轉，並且盯著我。因此我戰戰兢兢，生怕有任何不好的回饋。

一些個案中表達過這樣的想法：「有時候覺得我活著的世界十分不真實，我總覺得，是不是其實只有自己是人類，而其他的都是我頭腦裡創造出來的。」這是典型的活在「我與它」世界裡的自戀狀態。

馬丁・布伯認為，當個人放下所有預判和期待，帶著自己全部本真和「你」的本真全然相遇，這時就構建了「我與你」的關係。

他所說的「我與你」的關係，也是能夠讓我們放下自己的內心戲，真正看到外部世界的方法。當擁有了這種能力，就不會再過度關注別人怎麼看自己、怎麼想自己，而是帶著平和的心去與人交流，甚至與萬事萬物交流，這才是我們所說的人人平等。

這時候我們的情感才真正地流動起來，流動到外界的萬事萬物中去，並且也能體會到別人的情感流到自己這邊來，感受到愛。

當你擁有這種心態的時候，在我看來就擁有了真正的社交能力。這種能力還有一個核心，就是先要愛上自己。但這種自愛不是自戀，這種對自我的認可是建立在真實自己的基礎上，而不是建立於幻想中的自大。

4-2 越瞭解自己，就越能適應外面的世界

曾有一位個案案主這樣對我說：「其實我心裡很喜歡和人交流，但在社交場合不敢說話，讓我沒什麼朋友，覺得很孤獨。」

社交恐懼、緊張的人往往是孤獨的，因為他們沒有真正和外界連接，無法感受連接後帶來的情感流動。心理學家曾奇峰認為，通常有兩種人容易在人群中感到孤獨：一種是自傲的，另一種是自卑的。其實從心理學上來說，自傲和自卑是同一種本質的兩種不同表現形式，都是由過度關注自己，不善於跟他人交流引起的。

然而，如果一個人的內在是衝突的，他往往也不願意獨處，因為獨處的時

候，他就要面對自己內在的衝突，面對自己與自己的關係。有一位社交困難者告訴我：「我最怕的就是節假日，自己在家待著的時候總覺得活著很沒意思，所以都會去公司加班。」

曾奇峰說過，一個沒有學會應付孤獨的人，註定也無法和他人很好地交流。孤獨時的內心衝突，遲早會在與他人交流中出現，這是因為我們把自己內在的衝突投射到了別人身上。

「我聚會的時候，總是想方設法透過各種玩笑逗大家開心，但是事後覺得那都是刻意取悅大家，並沒有真正的價值。」一位案主這樣說過。我們可以感受到，這位案主實際上渴望發現自己的價值。然而，他從小被訓練出了一種討好的模式，這種討好的模式並不是他發自內心的意願，而是渴望大家認可他，就像小時候渴望父母的認可一樣。

然而越是開啟這種模式，越讓別人看不清真正的他。因此如果想真正學會和別人交流、學會社交，就要放下自己內在衝突中所帶出的種種關係模式，用真實的自己接觸另一個真實的人。

很多人試圖透過一場關係來緩解內在的衝突，一位朋友曾經對我說：「你知道我和你成為好朋友的原因是什麼嗎？因為你特別有主見，我一點主見也沒有，而你能引領我。當我有困惑的時候也喜歡和你聊天，你也能給我意見。」

她的自我剖析也很深入：「我小時候在家裡開心的時候唱個歌，都會被我媽大聲呵斥。我一向是不可能做什麼決定的，都是由我媽來做主，所以我現在變成這樣了。」

這位朋友確實很多事情都會問我的意見，包括點菜這類小事。她曾經說過一句話讓我印象特別深刻，「你看你點的菜都比我點的好吃」。透過和這位朋友的關係，我們不但能看出她把童年的模式投射到我身上，而且能看出她童年的模式帶給她深深的不自信。

還有一次我帶她去參加一個發表會，我是拿到邀請函去的，現場沒有熟人。發表會後的聚會上，我興致勃勃地和各行各業的人聊天，發現身邊的她不見了，後來我看到她一直和男友坐在房間最遠處的一個沙發上。

可以感受出她的不自信已經深深影響了社會交往，除了我之外，她還帶了一個更親密的夥伴來作為心靈支持，但仍然無法促進她融入環境。當然，也許沒有男朋友的陪伴，她在這個場合會感到更孤獨和無所適從。

如果你有類似的情況，但很享受在人群中獨處的自在，那並沒有什麼問題。然而自卑、自戀的人，恰恰在人群中不能安然自得，更害怕這種被獨立在外的感覺。既害怕獨處時內心的孤獨感，又恐懼和人交往，處於兩難的境地。

我這位朋友由於童年的不良模式，形成了不完整的自我，因而會潛意識地尋找另一個人來讓自己更完整。很多人在親密關係中更是如此，我們可以把這種情況稱之為「尋找童年未曾得到的好爸爸好媽媽現象」。

知識補給站

如何修復童年的缺失？

孩子剛出生的時候，身邊需要有一個好媽媽的照顧，這個好媽媽能瞭解孩子的一切需要，透過孩子的細微反應瞭解孩子的需求，並給予無條件的愛與餵養。然而，如果孩子在童年沒有得到好媽媽與好爸爸的照顧，其潛意識就會在所有關係中投射出童年的模式，以此來修復童年的缺失。因此我們會看到如下的現象：

在一段關係，特別是親密的關係中，渴求另一半完美並給自己無條件的愛。這種潛在的心態是：我仍然是好的，我值得有一個「好爸爸」和「好媽媽」來愛我。

1. 強迫重複童年的模式，找到和童年很近似的「壞爸爸」「壞媽媽」。

2. 如果對方不能成為自己期待中完美的「好爸爸」或「好媽媽」，則會不斷地糾正對方。於是這段關係就變成了糾正童年的「壞爸爸」「壞媽媽」，並塑造心目中的「好爸爸」和「好媽媽」。

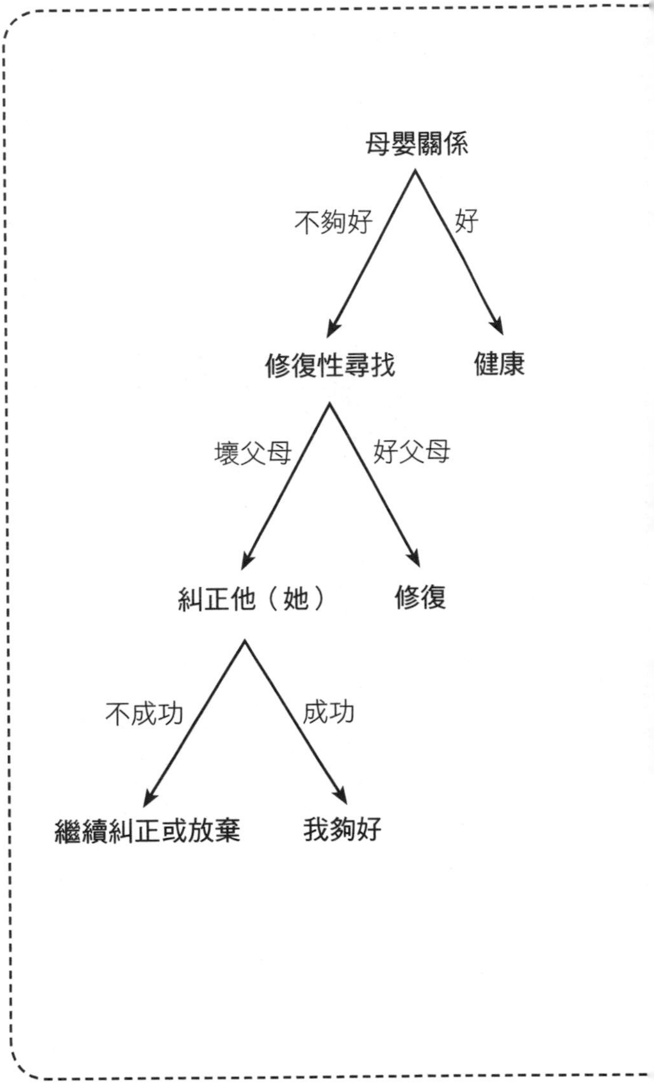

透過以上模式，可以看到我們內心的強大能量，總是時刻尋找機會來修復童年的不足。如果這時關係中的另一半能夠給予對方足夠的愛和滿足，那麼這個渴望被修復的小孩兒就會慢慢地被愛哺育，變得越來越自信。

這為我們提供了一種療愈自己的方法與可能性，心理學中有一種治療，即透過治療人際關係來解決病患的內心衝突，這是佛洛德精神分析治療的模型。而當我們瞭解這個道理之後，在現實生活中也可以自己去嘗試。

練習看看

以身邊的人作為練習對象

1. 把你身邊的親密關係者及好朋友的名字列出來。
2. 這些關係中，哪些人在哪些時刻能給你良性體驗？是什麼樣的體驗？
3. 這些良性體驗中，哪種體驗能讓你覺得更自信，變得越來越好？哪種對你公開説話或社交有幫助？
4. 在挑選出來的人中，怎樣和他接觸你會變得更好，或對你的公開説話更有幫助（如延長接觸時間、更坦然地說話等）？
❺選擇一個人作為對象，運用你所選擇的方法開始練習。
❻練習之後有沒有達到預想的效果？如果有，該怎樣堅持下去？如果沒有，該怎樣調整？對方還習慣嗎？有什麼樣的回饋？

你在社交中是否做真正的自己？

馬克思說：人是一切社會關係的總和。沒有關係的存在，就不可能有人，也不可能有人類社會。心理學認為一切問題都是關係問題，關係大致有三類：人與自然的關係、人與人的關係、人與自己的關係。而孤獨是一種特殊的關係，這種感受能讓我們更深切地體會到自己跟自己的關係。

曾奇峰認為，如果一個人獨處時所做的事情，與他在公開場合所做的事情反差不是太大，那我們就可以判斷他是一個生活得比較真實的人，是一個內在和外在比較和諧的人。反之，則是一個內外不和諧的人，或者是一個喜歡欺騙自己或欺騙他人的人，還可能是一個活得很辛苦的人。

有的人公開演講時侃侃而談，私下卻少言寡語；有的人私下可以暢所欲言，在公開場合發言卻屢屢受挫；有的人私下說話天馬行空，公開說話時卻不斷思考怎麼讓邏輯性更強。

當然，這可能是出於一些工作需要，但難免背離了我們本來的個性。這些反差可以某種程度上說明你與自己的關係，內在父母要求你成為某一種人，於是你在社交的時候就下意識地自我要求，這也是我之前提到的內在父母與內在小孩之間的內心衝突。

英國心理學家溫尼科特，提出「真自我」與「假自我」的概念。他認為有真自我的人，他的自我圍繞著自己的感受而構建；有假自我的人，他的自我圍繞著父母的感受而構建。由此成年以後，他會自動尋求別人的感受、圍著別人轉、為別人活。而在社交和公開說話中，會過度在意別人的感受，在意別人怎麼看自己，從而背離真實的自己。

我的一位案主說過，無論是小範圍的講話還是重要場合的發言，他重視的程度基本上都是一樣的。發言後，他首先會對自己有個大致評價，當看到大家讚賞的眼神就會非常開心，相當於獲得肯定，實現了自我價值。但如果有人向他提出改進建議，他的心情就會一落千丈。

然而，真正的自我評價是什麼呢？是以自我的感受出發，在與外界接觸的過程中感受自己舒適與否，並找到適合自己的節奏在社會中生存。至於從幻想社會的眼光來審視自己，不是自我評價，而是內在父母的評價。

我們之所以會如此在乎他人的評價，是因為從小內在父母的聲音已經嚴重壓過了內在小孩，導致個體沒有辦法瞭解真實的自己，形成了溫尼科特所說的假自我。也就是越不瞭解真實的自己、越在乎外界的評價，形成了惡性循環。

一位公開說話困難的案主，對我講了這樣一個小故事：

> 有次他要在個幾百人的會議中演說，由於不擅長公開說話因此很緊張。那天主持人把他請到台上後，忽然想起剛剛忘說了一件事情，於是請他在一旁等等，沒想到主持人這一說就是半個多小時，他也就在台上硬生生地站了半個多小時。

可想而知，這種情況對大多數人來說都是非常尷尬的。但我這位案主非常聰明，他當時就主動回憶我為他催眠時的放鬆感覺，在耳邊幻想我的催眠聲音和催眠詞做自我催眠。他說，半個多小時之後，他早已忘了自己本來準備好的稿子，但由於自我催眠的功效，心裡並不緊張，反而抓住了演說的幾個重點，隨心所欲地說開了，結果取得很好的效果。"

當然，這並不能完全歸功於催眠，但是他透過催眠學習到自我放鬆的方法，掌握住要點，遵照自己本來的語言方式和風格，流暢地表達重點取得成功，這就是真自我的成功。當真自我成功時，我們才會有被肯定的感覺，才能建立真正的自信。

心理學鼓勵的是真自我的成功，因為一個八面玲瓏的人透過「假裝」來社交，時刻掩飾自己，只會離自己的初心越來越遠，內心越來越虛弱，這其實也是一種嚴重的社交問題。所以，先去好好瞭解自己吧！只有瞭解自己，才知道應該用怎樣的方式去適應外面的世界。

練習看看

從一小步開始改善

❶ 把第二天所需要做的事情列出來。

❷ 從裡面挑出哪些是自己真心想做的，哪些是不想做的。（可以各選三個，不用太多，也可以各選一種體驗最深的）

❸ 靜下心來覺察一下，為什麼想做那件事。是發自內心喜歡，還是為了獲得外界表揚、肯定？或者只是因為自己擅長或熟悉？

❹ 你不想做的事情是因為自己不喜歡，還是因為不擅長或會走出自己的舒適圈？

❺ 當你第二天做完這些事情之後，重新感受一下，昨天你想像的那些感覺或情況有沒有發生？需不需要更新對自己的認識？這點非常重要，能讓你真正瞭解自己。

❻根據每一天的自我瞭解，調整對自己的認識或做出改變。分清自己內心真正喜歡的事情、不喜歡的事情與防禦機制的區別。即有些事情是你喜歡的，但可能不擅長從而引發了緊張。而有些事情你不喜歡，但因為熟悉因此一再重複做。

❼你喜歡社交嗎？喜歡哪種社交？不喜歡哪種社交？如公開演講、社交聚會等。

❽你擅長哪種社交？不擅長哪種社交？

如果你想在社交中想改善一小步，從哪一項開始改變對你來說最容易？你希望怎麼做？

專家建議

美國存在主義心理學家萊茵說，存在等於被感知。感知不是評價，而是心對心，感受對感受。不是頭腦對心，更不是藥物對心。這也是藥物只能抑制情緒，但不能根治心理疾病的原因。

修復的方法是，無論如何都要勇敢地投身於外部世界，讓豐富的事情啟動自我感受能力，以此不斷碰觸自己的感受。我選擇、我自由、我存在。

從那些看似瑣碎的時刻開始活出你自己吧！客觀地把自己看成群體中的普通一員，既不會產生太多交流問題，也不會覺得孤獨，因為你就是眾生中的一個。

— 第5章 —

離開舒適圈會發現，與人交流比想像中簡單！

SOCIAL COW

5-1 試著走出社交舒適圈

我有一個業餘愛好是自由潛水，但因為家在北京，能接觸海的機會不多，所以偶爾會去游泳池玩一玩自由潛水。所謂自由潛水就是憋氣在水底，所以不太深的游泳池也是可以進行。有一次我們全家旅行時，住進一個房間外就有游泳池的酒店。入住當天下起了大雨，我依然換好泳衣準備去玩水，孩子看到也想跟我一起去，但遭到先生的強烈反對。

當時我認為反正是要去玩水，即使下雨又有什麼關係呢？非但沒有關係，而且會得到一種更接近大自然、更特別的體驗。因此我去玩水的計畫不但沒有受影響，而且也非常支持孩子和我一起去感受大自然。

而孩子爸爸給的理由是「雨水不乾淨」，並且反覆強調、非常堅持。即使我跟他說大自然的產物並不會比人為造成的廢氣、病菌還髒，他仍然不肯讓步。

把這件事延伸到生活中的其他方面，我們也經常會發現這種「不能淋雨」現象。我小時候就非常愛淋雨，只要一下雨就和媽媽要求出去淋雨玩玩，她偶爾會允許。現在我還記得那種夏天在雨裡奔跑的快樂感覺，我相信每個孩子都會喜歡這種感覺。

而長大後不知什麼時候開始，自己就戴上了桎梏，這束縛也許來自於父母的教化或潛移默化，也許來自於社會的群體潛意識。「不能淋雨」成為我們遵循的標準，不單單是因為害怕弄濕衣服、感冒、病菌等，更來自於一種不能打破標準的執著。

為什麼我們很難突破心中的束縛呢？在前面的理論中我也曾經講到，當我們呱呱墜地時，嬰兒與母親乃至整個世界，都是密切連接和共生的狀態。那時候嬰兒顯然是不完整、沒有邊界的。在外界的良好幫助下，嬰兒會慢慢和外界分割，從而形成自己內心的完整感，這種內心的完整感來自於情感體驗。

溫尼科特觀察了約六萬對母嬰關係，提出很多重要理論，最廣為人知的就是「足夠好的媽媽」。足夠好的媽媽會讓嬰兒形成兩種健康的心理狀態：客體穩定，即我看不見媽媽，但我知道媽媽是存在的；情感穩定，即媽媽有時對我不好，但我知道她對我的好是恆定存在的。有了這樣的感受，孩子才能承受與媽媽的分離，並且讓自己越來越完整，否則他會將短暫的分離視為永遠地被拋棄，內心產生強烈的不安，而一直沒有安全感。

沒有安全感怎麼辦？這時候會創造出很多防禦機制來保護自己，就好像創造第二層皮膚或一個封閉的房間，用來保證自己更加安全，我們通常把它稱為「舒適圈」。

第 4 章提到跟我一起參加發佈會的那位朋友，整場縮在角落的沙發上。後來我們再聊到這個事情時，她對我說：「我知道需要擴大自己的社交圈，工作和生活中也需要認識一些新朋友，可就是無法主動聯繫別人，突破不了舒適圈。要我像你一樣自然地去社交、去和別人主動說話，我做不到，強迫自己做很不舒服。」

我們的內在束縛，有時候也會讓自己固執於某些事情。我開始寫本書的時候正是二〇二〇年的疫情期間，全國人都長時間待在家裡不出門，只是偶爾出去買買菜。某一天我的好友跟我抱怨，說她老公常去的那家菜市場，旁邊的社區確診了兩個病例，但她老公仍然堅持去那家菜市場，怎麼勸阻都沒用。據我瞭解，那個菜市場離她家並不近開車要半個小時，而她家附近的菜市場很多，換一家也沒什麼大不了的，何況非常時期。那麼為什麼她老公執著於去原本的地方呢？

我們內在的框框，大多時候並不是從客觀角度出發以保證實際安全的。大多是來自於內心，用來守護安全感的，而這種守護的方式聽起來總有一些可憐的味道：越沒有安全感的人越接受不了變化，對他們來說，變化和未知即意味著失控，失控則意味著不安全。

如果你能意識到這點，或許也可以做出一些改變。下面是一位公開說話困難患者給我的回饋：

”我是一個公開說話困難的患者，上台時總是太緊張了，不但如此，和陌生人打交道也有問題。我試過很多種方法，有的根本沒用，有的只能維持一段時間。後來實在沒辦法，聽說催眠能讓人安靜下來，我就報名了您的催眠課程。經過十幾次催眠，神經慢慢放鬆下來了，雖然緊張感會一直存在，但變成可以控制的情緒，我目前的狀態就是這樣。

在微博上看了您分析公開說話困難者的心態，我覺得您說的就是我。您說人會給自己建立一個下意識的框架、一個舒適圈，這點我感同身受。以前我對部門裡的各種活動都是排斥的，做了催眠以後能和緊張並存了，很多時候都能強迫自己進入非舒適圈，鍛煉自己並享受成長。"

現在，就讓我們試著在催眠的安定、放鬆中，體驗你的內在框架是什麼，並且在安全的體驗中慢慢改變。你如果已經反覆練習第3章的催眠，就有了一些放鬆的體驗，接著讓我們進入到自我催眠的第二個階段。我必須再提醒一次，所有的自我催眠都要很慢地進行。

練習看看

調整好呼吸節奏，是勇敢說話的第二步

現在請你依照以往的練習方式讓自己安定下來，並進入以往自我催眠的放鬆狀態。

此時此刻，開始把注意力集中到你的呼吸。

就好像你的呼吸，是漂泊的河流中使你安定的錨，把你安定在這裡。

去感受此時此刻呼吸的深淺、頻率，但不需要做任何刻意的改變。

因為你要相信身體的本能。

當你給自己足夠的關注和時間，本能會帶你進入自然放鬆的狀態。

就像此時此刻。

或許這需要一個過程，這就是你個人的節奏。

你會完全依照自己的節奏走，去聆聽自己身體的節奏，不需要隨著別人的節奏而改變。

不需要幻想或自我要求，因為你就是你。

你就在這裡。

如果你察覺到自己有一些紛亂的思緒，那麼就讓它像河流一樣飄過去。

而你的呼吸就是河流中穩定的錨，把你安定在這裡。很穩定很放鬆。

你會越來越熟悉此時此刻的感覺。

如果生活中有需要，你也可以主動喚醒這種過往的經驗。

（催眠結束）

5-2 別總是自己嚇自己，和人說話沒那麼可怕

仔細想想，突破舒適圈真的意味不安全嗎？這其中存在客觀的不安全，還是僅來自於我們的想像。

身為家長的讀者們，都有過餵小孩吃藥的經驗，我女兒在某個年齡時，吃藥的反應非常有意思。有一次她生病必須吃一種很苦的藥，我把藥倒在碗裡讓她自己喝。她喝掉碗裡的藥其實只花了幾秒鐘，但準備過程足足有40分鐘。

這40分鐘我女兒都在幹嗎呢？我聽到她一直在自言自語：「哎呀，這個藥實在是太苦了！」「沒關係，我相信你一定能做到。」「可是一聞到那個藥味就讓我受不了！」「你看你喝完藥就能吃糖果了，我都把糖果拿出來了呢！」

不要懷疑自己的眼睛，剛才那些話全都是我女兒一個人自言自語說的，我們可以感受到她內心的拉鋸和深深的恐懼。而實際上藥真的苦到讓孩子接受不了嗎？她在幾秒鐘內就喝下去了，那麼之前花了40分鐘處理的是什麼呢？是在安撫自己幻想中的恐懼。

在這個世界上真正值得恐懼的事其實不多，在很多時候我們是自己嚇自己。心理學家曾奇峰曾經針對公開說話談道：對一千個人講話和對一個人講話，在本質上是沒有區別的。如果搞砸了結果會是什麼？面對想像層面的恐懼，我們可能永遠都是失敗者，因為這種恐懼是自己製造的，而且不斷加工、放大。對付這種恐懼最好的辦法，就是想清楚一件事情的真實後果。

我們大多時候會發現這個結果，並不會對我們造成任何實質上的損害，或者這個損害比我們想像中輕得多。以下一位小學老師對我說的話：

”記得第一次上講台的時候我害怕到發抖，因為從來沒有應對過這種場面，而且我本身不擅長社交。其實在上講台之前我就深深感到不安，總怕自己講不好。

我把課程反覆準備了一遍又一遍，在心裡演練了千萬次，但真正上台的時候還是怕到不行。

現在回過頭想想，其實一群小孩子有什麼可怕的呢？第一次講不好也是正常的，小朋友不會嘲笑我。根本是自己嚇自己，當有了第一次經驗後，我發現其實也沒那麼可怕。

這就是面對未知和不擅長的部分，自己把自己嚇到的例子。

為什麼當我們走出安全區，會有如此大的恐懼呢？這仍然要從我們的嬰兒期說起。之前我反覆提到，當一個足夠好的媽媽給孩子無條件的愛與關注，並滿足孩子的所有需求，孩子就會有滿滿的安全感。

反之，嬰兒的許多需求得不到外界的回應或不被滿足的話，他們就會感覺到巨大的失控。嬰兒期的心智無法理解有不可控的事情存在，覺得外界對自己有敵意、不友好，所以感到難受。這個不夠好的、充滿敵意的世界，自然讓他們產生了深深的恐懼。

由於嬰兒不能理解抽象的概念，會把這種幻想中的敵意投射到一個具體的事物中。比如，有的孩子摔倒後會狠狠拍打地面，因為覺得地面讓自己不舒服了、地面是壞蛋，也就是把心中的敵意投射到外部世界。

一位案主在一次公開說話前做了惡夢，夢到周圍有很多人形輪廓的黑影緊緊圍住他，像鬼一樣。他看不清這些黑影的具體相貌，但能感覺到它們都在盯著他，他害怕極了。

這是典型的被外界敵意嚇得不輕的夢。當我們公開說話之前，若反覆想到一些最壞的結果或擔心別人對自己有看法，這都是來自於心中的敵意，只是這種敵意不那麼直接並帶有攻擊性。當我們把它投射到外界，就會覺得外界是有敵意的，覺得每個人可能都在心裡評判自己的發言，並認為自己表現得不夠好。你若能瞭解到這一點，請放下心中的敵意，因為你並不弱小，事實上也沒有人如你想像的那麼關注你。

再說到那個陪我參加發佈會的朋友，她知道擴大社交圈的重要性，但就是不願意主動和人來往。

“當我面對社交場合、面對陌生人時心裡蠻緊張的，不知道該說什麼好，怕說錯話人家不喜歡我。還有的人看起來特別驕傲，我就更不想說話，覺得這種人太自以為是。

我意識到結交新朋友可能會讓我開心，可是同時又覺得建立新關係得付出很多，既要考慮怎麼交流，又要調整自己的心態，起碼要裝作放鬆。加上自己付出這麼多努力不一定會獲得同樣的回報，就會感到失望。想到這些我感到很無力，為了避免發生類似情況，乾脆不來往。”

我這位朋友在社交中既有直接的敵意（看到對方驕傲就不想說話，覺得這種人自以為

是，如果付出沒有回報就會失望）；也有投射的敵意（怕說錯話，別人不喜歡她）。她的情況說明，越不擅長與人來往就越不能自然地享受人與人的關係，只好刻意地想話題、調整心態；越覺得付出很多，就越期待回報，因此形成影響人際關係的惡性循環。

心理學中有一個專業術語叫作「自戀受損」，是指我們的自戀受到損害。簡單地說就是對自己的滿意度、自信不足，而產生自我懷疑和被貶低的感覺，有時候我們不敢與人來往正是害怕自戀受損。

曾經有一位心理學家表示：「自戀受損對於脆弱的人來說，是可怕的體驗，就像是發現自己要碎掉了，並有極度羞恥感。」這種體驗也是自己嚇自己的一個重要原因，脆弱的人由於極度自卑，一點風吹草動都會引發瀕臨破碎的感覺。

張韶涵有一首歌叫《淋雨一直走》，歌詞大意是鼓勵人大膽地嘗試一些不敢做的事。這裡的「是否淋雨」顯然就等同於我之前所說的內心框架，願你在讀完本章之後，也可以讓你內在的禁錮鬆動一點點，去「淋一場雨」吧！

知識補給站

公開說話可能遇到的困難

在我的職業生涯中也接觸過很多社交恐懼的案例，除了前面講到的情況，又另外搜尋了其他並整理如下：

1. 恐懼被別人注視：恐懼自己言談舉止不當或表情尷尬；恐懼自己和別人交流時張口結舌；恐懼吃飯時醜態百出；恐懼手發抖以致無法寫字；恐懼在公共場所嘔吐；迴避見人和身處所有公眾場合；因焦慮而心慌、震顫、出汗、噁心、尿急；在公共廁所裡怕因恐懼而解不出小便。

2. 臉紅恐懼：有些人在陌生人面前會由於害羞而臉紅，但臉紅恐懼患者卻對此過度焦慮，感到這是十分羞恥的事，因此非常畏懼面對他人。

患者會努力掩飾自己的臉紅儘量不被人覺察，例如一位有臉紅恐懼的學生患者，對上學搭乘公車感到痛苦，他就在上車前先喝一杯酒，讓別人認為他臉紅是喝酒所致；或拼命奔跑急忙上車後，解開衣服的鈕扣，假裝用手裡的東西搧風，讓別人以為他臉紅是奔跑所致，以此自我安慰。

3. 表情恐懼：患者總擔心自己的臉部表情會引起別人的反感或被人看不起，而對此惶恐不安。表情恐懼多與眼神有關，患者認為自己的眼神令他人生畏，或認為自己的眼神毫無光彩等。例如有一位表情恐懼患者，固執地認為自己眼睛過大、眼球突出的樣貌令人不適，又認為自己常一副生氣的表情，會給別人帶來不快。他冥思苦想後，竟然用膠帶貼住自己的眼角，認為這樣就會使眼睛變小，但反而使眼皮承受極大的拉力而非常不適。

4. 異性恐懼：患者在與異性接觸時症狀尤其嚴重，感到極大的壓迫感、不知所措，甚至連話也說不出來。但與熟識的同性或一般同事來往時，則不存在太大問題。

5. 口吃恐懼：此可歸類於社交恐懼的一種，患者獨自朗讀時沒有異常，但和別人談話時，或產生發音障礙，或才說到一半就進行不下去了。患者會因為不能順利地與人交談，而感到自己是個殘缺的人，對此非常苦惱。

專家建議

一位案主曾對我說，小的時候父母經常打架，她當時很害怕，於是幻想身邊有一個殼，覺得不安全時就可以藏起來。溫尼科特說過，自卑感貌似因某種條件而產生，但其實所有的自卑，都是在愛面前的自卑，每個人第一個最想要的都是母愛。

願你能給自己更多愛，也有能力感受到世界給你的愛，讓這份愛重新哺育你，打開包住你的殼，走出你的舒適圈。

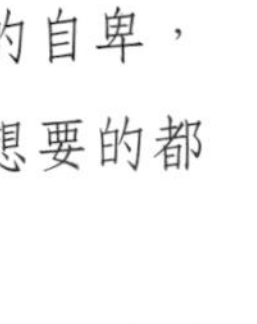

— 第6章 —

用一個真實案例，來看小時候對社交的影響

SOCIAL COW

6-1 任何社交關係都與童年有關

本章我會用比較長的篇幅，記錄案主A相對完整的自述，也許在細細品讀他的人生故事時，你會感覺就像有一面鏡子，照映著自己。

”看了您公眾號說的好媽媽、壞媽媽理論，我特別認同，讓我想起小時候我母親的「壞」表現。

母親其實很溫柔也很愛我，但可能我太調皮了，出於安全的需要，她總是用言語嚇唬我，以達到讓我聽話的目的。我那時總是戰戰兢兢的，導致後來非常膽小。我表弟有一段時間住在我們家，也常說阿姨太會嚇人了，可想而知我母親是怎樣的一位媽媽。

雖然我成長中並不缺少愛，但伴隨著愛也有很多畏懼。母親嚇唬我最常用的工具是「鬼」，所以小時候我最怕鬼，腦中充滿各種動物死後變成的鬼，還有各種聳人聽聞的鬼故事，天越黑就越怕，甚至不敢獨處。

母親講故事時的表情也特別誇張，深深烙印在我心中，直到成年也經常浮現。舉個例子，母親為了不讓我走遠，就惟妙惟肖地講了一個誘拐兒童的故事，聽故事的時候我彷彿看到人販摸了我的頭一下，我就乖乖跟他走了，再也見不到媽媽了，好恐怖啊！後來我在路上遇到長得奇怪的人就很恐懼，心裡怦怦地亂跳。

被類似這種故事嚇唬多了之後，效果終於顯現。國中時有一次走夜路，本來就非常害怕的我，走著走著遇到一道牆，由於路燈的照射角度，自己的影子突然出現在牆上，我嚇得魂不附體、慘叫一聲。還有一次也是晚上燈光比較昏暗，走著走著，前方一扇窗戶的玻璃上，突然出現了一張人臉，把我嚇得連聲尖叫。

其實那個人臉是玻璃映照的我，我被自己給嚇壞了。還好有位老師在我身邊，他很有經驗地壓了壓我的虎口，我才能回神。但由於刺激太強烈，我處於驚嚇狀態好一陣子。從那以後，崩潰、失控的感覺，就常常像惡夢困擾著我。

後來演變至自己嚇唬自己的程度，在一次的班級歌唱比賽中，我一直擔心自己在大合唱時會失控亂喊。結果上台後由於過度擔心，別人都認真唱歌時我瀕臨崩潰，只好死死地掐住虎口，才讓自己逐漸安靜下來。外界的刺激和自己嚇唬自己的感覺幾乎完全一樣，我困擾於這樣的感受，但又難以擺脫。

我小時候身體不好，在那個貧困的年代，母親總是把最好的東西給我吃，甚至讓我一個人獨享昂貴的水蜜桃罐頭。我生病的時候，她溫柔的面容是世界上最治癒的畫面。但正是因為母親太愛我了，她無時無刻擔心我會因調皮丟了性命、因弱小而受委屈，所以除了各種嚇唬外，還伴有「包辦式教育」。

上小學的時候，班導要我向鄰居的同學家長帶個話，回家放下書包後，我準備到鄰居家轉述，母親卻質疑地問：「你會說嗎？你能說好嗎？」我一下子開始懷疑自我了，我行嗎？於是說：「媽媽你去告訴阿姨吧。」這件事令我記憶深刻，因為當時覺得母親是如此體貼我。後來，凡有類似的事，母親總是代勞。

伴隨著母親充滿「恐嚇」的愛，父親則是透過呵斥表達愛。父親很少跟我交流，更談不上長篇大論的教育，他基本上都是幾個字幾個字的表達，並且都是嚴厲而霸氣的。在父親面前我總是畏畏縮縮的，總怕自己犯錯挨罵。

在母親的恐嚇和父親的呵斥下，我終於變成了乖寶寶，甚至有些沉默寡言。有一年我被推選為模範生，要在全班同學面前發表感言，我精心準備了草稿，可是發表的時候唸著唸著突然感覺越來越吃力，我最後掙扎著完成了，但那次我深深地體會到語言障礙，對此心生恐懼。

那次發表結束後，我不斷地回憶那種感受，甚至反覆在心裡琢磨每個詞每個字，為什麼當時讀不出來，並懷疑自己是否生理出了問題。

久而久之我對語言產生了恐懼，我只和母親交流，很少和父親說話，也逃避和陌生人說話，更不會在公開場合發言，我的語言表達被限制在最親近的人之中了。但人際交往是無法避免的，於是我只能找各種理由逃避。最難熬的是家裡有客人時，父母要我打招呼令我如坐針氈，總是很快地找個理由回房間，然後又對自己的行為懊惱不已。

這是怎樣的心理折磨？類似這樣的經歷數不勝數、痛苦不堪。大學畢業後，本來就對陌生環境和陌生人恐懼的我對工作兢兢業業，希望透過努力獲得別人的認可。有一次部門開會要做個報告，當下我緊張得一句話都說不出，灰頭土臉、無地自容。

之後我逃避所有的公開說話，實在逃不掉時基本上大腦都是一片空白，說得一塌糊塗，再看看眾人的目光，不是驚訝就是同情。

於是我去參加各種口才培訓班，因為接觸到很多和自己一樣的人，同樣的處境使大家能敞開心扉、產生一些效果。但這畢竟是暫時的，一旦離開這個環境很快又回到從前。

外界受阻以及恐懼，使我向自我尋求庇護！我曾懷疑自己身體出了問題，如呼吸系統甚至精神系統的疾病，於是開始各種身體檢查。因為語言障礙常伴隨呼吸困難，進一步加劇恐慌，這一切演變到懷疑全身器官的功能，但最後也未能找到答案，直到有一天遇到了心理專家。

我現在瞭解到，父母無論怎麼愛孩子，都難免因為所處年代、社會環境、家庭背景、知識結構等因素教育方式有所差異，而錯誤的方法有時恰恰源於最深的愛。

❝

著名的奧地利心理學家阿爾弗蕾德·阿德勒說過：「幸運的人一生都被童年治癒，不幸的人一生都在治癒童年。」我想對於大多數人來講，沒有完美的童年，也沒有完全醜惡的童年。我們用童年所獲得的能量哺育一生，而同時又不斷地彌補童年的缺失。回憶起童年，往往是夾雜著愛恨情仇，就像我們讀完A的人生故事所體會到種種。

我的另一位諮詢親子關係的案主，之所以處理不好與孩子的關係，因為他描述情況時用詞十分謹慎，對於父母的干涉往往用「關心」「愛護」等詞來表達。

「大多數人對孩子除了愛之外也會帶著恨，對自己的父母也是同樣。」當我說到這句話時，他突然兩眼發光地看著我，不可置信地問：「您說什麼？您再說一遍？」當我重複這句話之後，他忽然拍手掌說道：「說得太好了、太對了！只是我不敢說出來，我總覺得說出這種話來是不孝的，太內疚了！」

父母和孩子之間的愛，往往是被讚美的，然而我們對於父母的「恨」則常常被道德感所壓制。然而就像A的情況，一個人無論多麼愛父母，或多或少都會有一些不好的回憶。這種回憶恰恰是自我修復的開始，我們務必要找到心理創傷的根源。而願意面對內心的困惑和恨意，並去改變與修復，這正是愛的力量。就像A所說，這一切恰恰是源於愛，一種深沉的愛。

因此在這裡你可以帶著社交與公開說話的問題，去回溯自己的童年，再去感受童年中的好父母和壞父母。前面的內容中，我幾次提到了好媽媽壞媽媽理論，這裡所說的好媽媽壞媽媽，並不是道德意義上的好壞，而完全出於一個孩子的自我感受。著名的心理學家溫尼科特認為，足夠好的媽媽需具備以下幾個特點：

1. 原始母愛貫注

我的一位藝術家朋友和我談到他的童年，說他永遠記得小時候畫畫時，母親專注看著他的眼神。他說：「我看到現在很多家長一邊陪伴孩子，卻一邊做自己的事情例如玩手機，當孩子叫他時，就敷衍地說一句真棒，這不會給孩子內心真正良好的體驗。」

朋友記憶中的這種被媽媽注視的感覺，正是支持他最後成為藝術家的內心力量，溫尼科特稱之為「原始母愛貫注」。簡單地說，是母親把那份原始的母愛傳遞給孩子，帶著深深的無條件的愛與接納。不只是眼神，母親的一舉一動都在傳遞著這種原始的母愛。

當孩子感受到這份母愛，他就會覺得自己是好的、值得被愛的，媽媽也是好的、愛他的。這種愛的確能給人強大的力量，讓我們長大後也充滿自信。我們會帶著這份自信去社交，當眾發言中即使說錯了，只會把錯誤停留在錯誤本身，而不深入追究，也就能輕鬆地修復錯誤，而不會因為它而否定自己。

這裡我們可以再次品味溫尼科特那句話：自卑感貌似都是因某種條件而自卑，但其實所有的自卑都是在愛面前的自卑，每個人第一個最想要的都是母愛。因此你不是在聽眾面前自卑、不是在老闆面前自卑、不是在陌生人面前自卑，而是在愛面前自卑。這份自卑是感覺自己不被認可、不值得被愛投射。

2. 滿足孩子主觀全能感

之前我提過，孩子在剛剛出生的時候處於全能自戀期，會認為自己是無所不能的，只要動一動念頭世界就會圍著自己轉。而這個時候如果媽媽能夠滿足孩子的全能感，孩子會感到強烈的自信，或許這份自信也帶著自大的成分。但隨著年齡增長，孩子會瞭解到並不是自己的念頭改變了這個世界，而是旁邊有一個好的媽媽。

在孩子仍然處於全能自戀期時，會把身邊的一切當作自己的器官支配，並且在任何時候，尤其是不滿意的時候，去任意攻擊周圍的人或物。

溫尼科特把這種現象稱之為「客體使

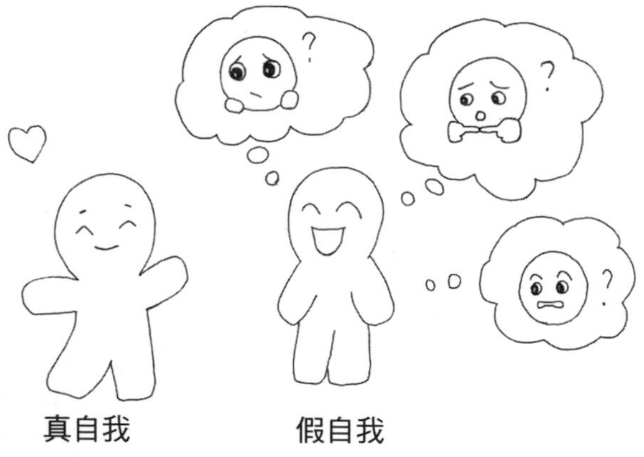

用」，也就是孩子把周圍包括媽媽的一切，都當作自己的對象來使用，也可以隨意地破壞、攻擊。

一個好媽媽會承受這種被使用、被攻擊產生的情緒，仍然貫注母愛給孩子。壞媽媽則會使孩子的潛意識產生被報復感，或者使孩子感覺自己的行為和想法是不對的，必須聽媽媽的否則就會被懲罰。這樣的孩子很容易學會把自己的感受放一旁，時刻觀察媽媽的臉色，夾著尾巴做人。

孩子的內心被媽媽的需求佔據，而自我被迫處在非常擁擠的空間，甚至感受不到真實的自己。長大之後則會在人際關係中表現出過度配合、過分在意別人感受和態度的行為，即前文提到的「假自我」。

自戀期沒有被滿足的人，長大之後的另一種表現，是在某些關係中想任意支配對方，以彌補自己童年的不足。這種行為往往會破壞關係且加深自卑感與不擅長社交的體驗。

3. 給孩子抱持性環境

溫尼科特提出的最廣為人知的概念是「足夠好的媽媽」，「抱持」是他提出的另一個重要概念。抱持不僅僅指身體的擁抱，還以母親溫柔懷抱嬰兒的狀態，來形容一個好媽媽對待孩子的整體態度。

在這種環境下長大的孩子，會覺得整個世界都是溫柔、沒有敵意、對自己充滿接納的。反之，不僅會有公開說話的障礙，甚至在任何陌生場合，都會把幻想中的恐懼和敵意投射到周圍。

4. 鏡映的功能

足夠好的媽媽還有一個很重要的作用，就是「鏡映功能」。媽媽就像一面鏡子，映照著孩子，當孩子對媽媽微笑，媽媽也對孩子微笑；當孩子不高興，媽媽會表現出擔心。這種回應讓嬰兒看到媽媽的臉，他可以在母親的表情中看到自己、看到自己的感覺。

在溫尼科特看來，如果孩子不被母親看到，就不能感到自己的存在，其真實自體會被隱蔽。足夠好的母親的作用，就是將嬰兒自己還給嬰兒。

如果媽媽心不在焉或者困在自己的情緒裡，那麼就無法及時準確回應孩子的情感需求，她所表達出來的全是自己的感受。此時，嬰兒看到的只能是媽媽自己，被迫去感知、體會媽媽的心情，而不是自己的感受。就像我在網路上看到的一句話：一個有著抑鬱母親的孩子，有一個永遠也無法完成的任務，就是應付母親的心情。

溫尼科特就是一個有著抑鬱母親的孩子，他的媽媽無力容納、抱持他，他有一首名為《那棵樹》的詩，部分內容為：

❝

……媽媽總在哭泣，哭泣，於是我知道了她

有一次，躺在她的腿上，就像現在躺在死去的樹上一樣

我學會了使她微笑，抑制她的眼淚，免去她的罪過，治癒她內部的死亡

我的生活就是為了啟動她的生活

❞

從這首詩我們不但能夠感受到孩子對媽媽的愛，也能夠感受到孩子對一個「壞媽媽」的「恨」。失去自我的人就像是死掉的人，其內部充滿死亡與恐懼的能量。

孩子判斷好媽媽與壞媽媽的標準是原始的，當媽媽能夠完全滿足自己，並讓自己感覺被愛時，就是一個好媽媽，反之則是一個壞媽媽。孩子會從潛意識最深處，產生出對媽媽的不滿與恨，然而隨著社會化，這種恨會帶上一種深深的愧疚感。於是內心的不滿與恨意被壓制了，這種被隱藏的恨意讓人沒辦法找到問題的根源，更讓本該充滿愛的生命活力，轉化成恐懼與敵意。與其說我們的恐懼與敵意是壞媽媽帶來的，不如說來自於自己的心裡。

也許之前你沒有接觸過好媽媽與壞媽媽的理論，你不清楚這一切是為什麼，你的自我保護機制為了給內心一個合理的解釋，會把心裡的敵意與恐懼投射到外界。就好像小孩跌了一跤就去打地板，因為原始的心智要找出不舒服的罪魁禍首。如同也許你會認為你在公開說話時的那些聽眾是不好的，是對自己有敵意的；社交時那些陌生人是不好的，是對自己有敵意的；自己也是不好的，是不應該被愛、被關注的。

當負面信念越來越深，你又無法察覺到自己內心真正根源的時候，會懷疑自己身體不夠好，這就是疑心病的開始。疑心病也是一種保護機制，可以給人合理化的解釋。不只公開說話與社交恐懼者容易懷疑喉嚨等呼吸系統有病，很多心理病患都有這種情況。

我曾有一個無法上學的學生個案，一開始他對家長說頭痛，後來又變成胃痛，再後來變成握筆的那隻手痛，就像家長所說的：「他好像自己想哪痛哪就痛」於是家長覺得不對勁，就把孩子送到了我這裡。

6-2 不斷放大自己的恐懼，會造成上台緊張

前述的A小時候很怕鬼，他認為這是母親從小嚇唬他導致的。而他在玻璃窗中看到自己，並誤認為那是鬼，這正說明了鬼來自於他的內心，也就是內心恐懼感的投射，加上媽媽的推波助瀾，鬼便形成了。

在生活中我們也可以看到很多怕鬼的現象，就像我剛才所說的，當內心的恐懼與敵意無法被解釋，便會把它投射到外界，認為外界對我們是有敵意的，是令人恐懼的。而當我們無法把這份投射找到一個很好的對象時，便會借助幻想中的對象來投射，這幻想中的對象往往是可怕的鬼，但其實是我們的心魔。

也許由於客觀條件限制、也許出於自身心理各種原因，多數母親做不到時刻

陪護和關注孩子。但出於對孩子安全的考量，部分母親編造出鬼的故事來恐嚇孩子，她們認為這是保護孩子最省力的方法。

從催眠的角度來說，少兒處於想像力發達、潛意識開放的高暗示性狀態，於是A很快記住了這種崩潰的感覺，並不斷自我放大這種恐懼。當他站在公開說話的台上，呈現頭腦空白、內心崩潰的狀態，正是他被心魔控制的結果。

6-3 「全能」的媽媽限制了孩子的社交能力？

從小的不良客體互動，給A的內心帶來深深恐懼，而與此相呼應的是，他還有一個全能的媽媽。這裡說的全能媽媽並不是一個好媽媽，而是一個包辦代替的媽媽。

有一句話說得好，母愛之所以偉大，因為母親自始至終有一個重要的工作，就是讓孩子長大成人並慢慢離開自己。然而全能的媽媽看似包辦孩子的一切，實際上是閹割了孩子的成長。當A要給鄰居傳話的時候，心裡本來是很坦然的，卻在媽媽的質疑中開始自我懷疑，加上之前的不良互動，最終就像A自己所說，他的語言能力被限制在最親近的人這個範圍了，「限制」一詞用得十分好。

為什麼壞媽媽會這麼做？因為她內心沒有安全感、不夠完整，內心沒有安全感的媽媽自身就是焦慮的。接受度狹窄的她，會把這種信念傳遞給孩子，不許孩子超出自己想像中的安全範圍，孩子能固守成規就好。因此孩子的行為大多是被限制甚至禁止的，「不能這樣」、「不能那樣」，就是禁止型媽媽的口頭禪。

因為自我不夠完整，全能媽媽還容易產生兩種現象：

1. 潛意識不允許孩子離開自己

我曾經有一個高中生個案，他因為社交障礙而無法上學。他說從小媽媽就干涉他交友，直到上高中，媽媽會單獨和他的朋友，甚至他們的父母取得聯繫，指導他們怎麼去和他來往。而對於那些媽媽持有偏見的朋友，則會禁止他們來往。這種包辦式、代替式的母愛，導致這位學生無法依照自己的方式社交，沒有社交練習的機會，更無法形成真正屬於自己的朋友圈，最終出現社交障礙。

我的個案中，限制孩子社交的媽媽不在少數，她們潛意識的行為就是把孩子留在自己身邊，讓孩子只屬於自己。顯然很多家長「成功」了，他們的孩子無法再去社交，甚至無法上學。家長限制孩子離開自己的方法有很多，破壞孩子的社交是最常見的一種。

我還接觸過一個更極端的個案。一位四十多歲的中年男人，仍然和媽媽住在一起，還睡在同一張床上、蓋同一條被子。找我諮詢的是他的女朋友，而這名中年男子的上一次婚姻，也是被他媽媽破壞的。這是戀子情結導致的更嚴重的控制，不但破壞孩子的社交關係，連親密關係也破壞了。戀子的本質並不是愛孩子，而是依戀孩子，也就是不讓孩子離開自己以便和孩子共生。

2. 代替孩子去生活並做選擇

不允許孩子離開自己的媽媽，是因為她自己不夠完整且無力改變，必須和孩子共生在一起，要在孩子身上重新活出一遍自己。我們可以看到很多家長，把自己的理想、生活方式、人生選擇全都強加給孩子，這時候被全部包辦的孩子，就喪失了自我，更不要提怎麼社交了。關於親子互動的話題還有很多，本書中我不再贅述，如果有興趣可以閱讀我的《簡易催眠術》這本書。

專家建議

隨著學習本書內容，我們已經一步步抽絲剝繭，或許離你希望的在公開場合順利表達，還相差甚遠，但已經離你的心越來越近了。想要發自內心地做出改變，就要更深刻地去關照自己的感覺、自己的內心，為自己而活。

如同王陽明所說：「我心之外，再無他法。」

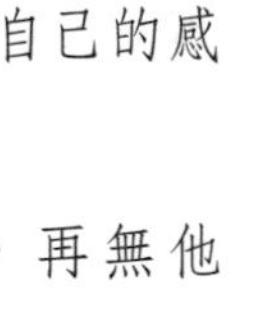

— 第7章 —

利用潛意識找出社交障礙，挖掘自己的另一個面向

7-1 觀察自己潛意識的方法

”我覺得懼怕公開說話是緊張所致，過度緊張使說話者失常，雖然每個人表現有所不同，但基本上會臉紅、心跳加速、顫抖、出汗、語無倫次，甚至大腦一片空白無法正常思考。當然，就像老師分析的那樣，這一切似乎都是童年創傷引起的。但我覺得，即使透過老師的分析找到童年創傷的根源，也未必就能自然痊癒，而催眠則是治癒精神創傷的有效手段。

我覺得催眠的精髓就是讓患者深度放鬆，在深度放鬆中看到潛意識的自我，在深度放鬆中體驗到自我意志，不再被緊張脅迫，從而體會放鬆所帶來的自信。“

以上是我的一位催眠個案者談到的感受。前面 6 章我們已經學習很多心理學知識，相信結合自己的體驗，你已經有很多感悟。有的朋友看到經由催眠得到治療的案例之後躍躍欲試，或者已經用我的催眠詞嘗試過。下面我會結合催眠的理論幫助你實際練習，讓你也能像書中那些案例一樣，學會放鬆、學會接納自己的各種情緒，慢慢達成心之所想。

心理學有很多流派，傳統流派中有精神分析、家庭治療等；後現代流派有敘事療法、焦點療法等。大多數心理學流派都是靠語言談話進行，少

我身體各部分的感覺是……
我頭腦中的思緒是……
我心裡的感覺是……

數是以其他方式，比如繪畫、舞動身體等進行。催眠也屬於心理學的一個流派，很多人會認為這個流派很特殊，是神秘而不同的。

其實催眠和其他流派最大的不同點在於，催眠是在「裡面」進行的。這裡所說的裡面，是指個體透過催眠師的技術引導，讓自己完全聚焦於內部的感知，如果覺得沒必要或者沒準備好，個體的感知甚至可以不告訴催眠師。

個體在催眠狀態下能感知到什麼呢？心理學稱之為潛意識。

有一位患者來找我治療人際關係的問題。她說她內心渴望和人來往，但總是處理不好關係，好不容易交到的朋友，沒多久就不再聯繫了。我請她列出來往過的一些朋友並逐一講述過程，以及之後如何失去他們的。

在探索中她發現了一些共性，注意到一旦感受到對方把她當朋友，她就要在這份感情中耍些小心機。她說：「我的這些朋友似乎都說過同樣的話，我特別知道怎麼激怒他們。一開始他們還能來哄我，久而久之可能都受不了我的脾氣了吧！」

當我問她為什麼一方面渴望穩定的友情，另一方面又要耍心機呢？她皺著眉搖搖頭，於是我對她進行了催眠，催眠中她的腦海裡出現小時候和爸爸媽媽相處的畫面。

原來，小時候她的父母非常忙，家裡也不只一個孩子，為了引起父母的注意，她必須要闖一些禍刺激一下父母。她把這種潛在的模式帶入現在的關係，這種模式可能一時能引起對方的注意，但最終會讓對方無法忍受而致使關係失敗。

經由上面的案例，我們可以看到潛意識力量有多麼強大，它會讓我們在無形中重複某種模式或產生某種行為。身為催眠師的我們，要做的就是用一些語言和技術，引導案主進入催眠狀態或潛意識狀態，讓其在放鬆的情況下，有能力去面對自己刻意壓抑而未察覺的部分。當他在催眠中把潛意識意識化，也就是對潛意識有所察覺，便有了選擇。那麼如何運用催眠技術在潛意識解決問題呢？讓我們一起往下看。

知識補給站

潛意識是什麼？

潛意識是人類心理活動中未被覺察的部分，是人們「已經發生，但並未達到意識狀態的心理活動過程」，與意識共同構成人類所有的心理活動和認知活動。

我們無法覺察潛意識，但它影響意識體驗的方式卻是最基本的。包括如何看待自己和他人、如何看待生活中的日常活動。關乎生死的快速判斷和決定能力，以及本能體驗中所採取的行動，都深深地受潛意識影響。

潛意識所完成的工作，是人類生存和進化過程中不可或缺的一部分。它包括原始本能、衝動、童年心理印記、環境薰陶、觀念、習慣、人格等一系列因素。簡單地說，潛意識就是內部心理動態已經發生，但沒有意識到的那部分。

7-2 在催眠中感受自己的身心腦

在催眠中我們可以從三個方面去感受自己的潛意識，分別是：心、身、腦。心，指心裡的感受和情緒；身，指身體反應；腦，指頭腦中的想法和思維。

“一想到公開說話我就心裡發毛、雙腳發軟、不知所措。儘管不斷給自己鼓勵，暗示我一定可以的、不要緊張，但多次的失敗告訴自己這些其實都沒用，有種喘不過氣的感覺。”

從上面這位個案主的自述，我們可以看出他的反應包括心、身、腦三部分：

心裡發毛，感覺到無形的壓力隨時向自己襲來、信心盡失等；身體的反應是雙腿發軟、神色恍惚、語無倫次、喘不過氣；他用腦中的信念給自己鼓勵，但又不斷想起曾經的失敗畫面。

前文提過「原始反應」這個詞，也就是人作為動物有一種本能，在感覺不安全的情況下會產生自我保護的反應。這種反應便來自於前文所說的潛意識，它往往是本能的第一反應，不受意識控制，甚至還沒有察覺到就已經發生了。

心理學也把它叫作「防禦機制」，當你在公開說話或社交時，感覺不安全和不擅長的當下，這種原始反應就開啟了。就像剛才的例子一樣，儘管案主不想產生這樣的原始反應、不斷勸慰自己，但反應就在那一刻不自覺地發生了，並且從心、身、腦這三方面表現出來，心裡發毛、雙腿發軟等反應，都屬於這位個案原始本能的反應。

在催眠中，我們要學習察覺身、心、腦的原始反應，這種覺察也是一種能力。我們會在催眠放鬆的情況下反覆練習，久而久之你在生活中便多了一份覺察的能力，當你面臨壓力和緊張情緒時，就可以對自己有所察覺。就像我之前所說的，有察覺你就有了選擇，而不是受莫名其妙的力量驅使。

同時，如果在察覺自己原始反應的過程中，仍然能運用催眠中的放鬆感，你就學會了讓放鬆的狀態和原始反應並存，甚至有能力去改善這種原始反應。瞭解到自己的原始反應，就是解決問題的開始，現在就讓我們開始練習。

練習看看

身心腦三者互動，是勇敢說話的第三步

現在請你依照以往練習的方式讓自己安定下來。

慢慢進入到以往自我催眠中放鬆的狀態。

可能在之前不斷的練習中，你已經越來越熟悉催眠中的感覺。

那麼你就會允許這種過往經驗慢慢出現。

去感覺身體越來越放鬆。

你知道你不會刻意用頭腦去要求自己，你會尊重自己的感覺。
心裡的感覺、身體的感覺。
你也會察覺到自己頭腦中的想法。
這一切你都不需要做刻意的改變，只需要保持察覺。
此時此刻你會開始把注意力集中到呼吸。
就好像呼吸是漂泊河流中使你安定的錨，把你安定在這裡。
去感受此時此刻呼吸的深淺、頻率，但不需要做任何刻意的改變。
因為你要相信身體的本能。
當你給自己足夠的關注和時間，本能會帶你進入到自然放鬆的狀態。
就像此時此刻。
或許這需要一個過程。這就是你個人的節奏。
你會完全按自己的節奏走，去聆聽自己身體的節奏。因為你就是你。
你就在這裡。
現在請你做有指向性的進一步覺察。

請你感受一下此時此刻的心情或心裡的感覺。

如果用幾個形容詞來形容此時此刻的感受，你會察覺到什麼呢？

現在去感受一下身體各個部分，看看哪個部分有特殊的感覺。

比如肩膀痠？胸悶？

現在請你去感受一下頭腦中的想法。

你是否在剛才的過程中，有過分心或出現過什麼樣的信念？

你能捕捉到這些信念嗎？

很好，可能你已經注意到在剛才的過程中，我們從心、身、腦三部分做了感知。

我們所有感知到的，目前不需要做刻意改變。

此時此刻你只需要輕柔地把注意力再次回到自己的呼吸，讓自己的呼吸帶動你更深地放鬆。做得非常好，更深地放鬆。

此時此刻單純地就這樣與放鬆相處一分鐘。

（一分鐘後睜開眼睛，催眠結束）

可以注意到第三階段的催眠練習，用到了一些我們以往的經驗，催眠練習從第一階段到現在，是循序漸進的過程。要注意的仍然是把速度放慢，讓每一句催眠詞帶你去好好體會自己的感覺。

我也常自我催眠，由於個人經驗比較豐富，自我催眠通常會進行半小時到一小時。這個過程中也常察覺到自己會分心；有時候也會覺得心煩或有各種各樣的情緒；還有時能察覺到自己身體的一些感覺、反應，這都是正常的。

當在催眠中察覺到一些情況的時候，不需要給自己貼標籤或做出評判，也不需要刻意要求自己馬上改變，甚至出現較勁的情況。只需要讓自己慢慢放鬆，學會察覺自我反應，並學會在這種情況下仍然能放鬆下來，這便是一種能力。久而久之你也能在公開說話和社交中自我放鬆，或與各種反應並存，減少這種反應對自己的影響。

❞為了解決公開說話緊張的問題，我嘗試過很多語言類培訓，做過很多次心理諮詢，全都失敗後我就死馬當活馬醫，不如嘗試一下催眠吧！上網一查，催眠師太多了，究竟哪個是真哪個是假？哪個對我有用呢？後來在網上偶然發現一本書，名字叫《我是催眠師》，買回來之後我反覆讀了兩遍，感覺作者說得太好了，於是就打電話預約了10次的催眠課程，說實話，當時也是半信半疑。

催眠治療1個小時，分為兩個部分，前20分鐘是和老師聊天，老師問一些問題，也可以問老師問題，接下來的40分鐘就是催眠了。頭一兩次催眠基本上沒什麼特別的感覺，只覺得很舒服，可能是因為過於放鬆，有時候竟睡著了。接下來的幾次慢慢有一點放鬆的感覺，逐漸能把自己和外界區分開，正如老師暗示的：現在外面的聲音你都能聽到，但這些都和你無關。

我第一次感受到自我的存在，而且是那樣強烈。催眠進行到第7次的時候，我基本上能夠強烈體驗到放鬆的感覺，那感覺是從大腦開始的，或者說是神經的放鬆，整個人一下子鬆弛了，尤其感到了整個腹部的鬆弛。之後我大哭了一場，哭了很久，哭後感覺整個人有變化了，原本容易緊張的我感覺到從來沒有過的舒服。在回家的路上，天比往常要藍、樹比往常要綠，街上的行人也比往常要友好和善！”

以上是一位案主催眠後的自述。相信有智慧的你在多次自我催眠和努力下，也能找到這種感覺，並且學會把催眠中放鬆的體驗帶入生活中，帶入你需要的時刻。為了讓大家的自我催眠效果也一樣好，之後我還會告訴大家進一步的方法，我們可以一步一步慢慢來。

7-3 每個人的反應不同，有這 3 種人格

腦、心、身這三個層面，在有些心理學流派也被稱為認知、情感和行為。腦大致對應認知，也就是我們頭腦中的信念和想法；心大致對應情感，是我們的感受、感覺；身體大致對應行為、身體感覺以及付諸的行動。這三者之間有緊密的聯繫，和相互影響的作用。

在生活中我們可以觀察到，面對同樣的事件，不同人有不同的認知和態度。比如對於公開說話，有人會覺得是展示自己的機會，有人則如臨大敵。我有一位案主是軍隊裡的排長，有一次因一個嚴重的錯誤，上級讓他在幾千名官兵面前自我檢討錯誤。之後他心裡非常難受、覺得很丟臉，於是找我尋求幫助。

在催眠中，我發現他是一個喜歡在認知層面做工作的人，於是我們就從認知層面入手。和他一起分析後發現，這件事情已經既定無法改變；但反過來想，這也是讓幾千官兵瞭解他的一個機會，包含不錯的表達能力及個人風采。這樣轉念之後，他感覺好了許多，這就是不同的認知造成不同情緒的例子。

人們內心充滿正面情緒時，行為和態度也會更自信坦然；而內心充滿負面情緒或緊張恐懼時，很多人的身體也會不自覺地產生反應。這就是為什麼當人們情緒不好時，很多醫生會建議不如做運動或走出門散散心，這便是希望藉由身體的行為來影響情緒和認知。

我有一個聊天群組，用來督導催眠師學生們，有一次看到他們討論該推薦抑鬱症患者看什麼書，學生們推薦了各種各樣的書。這時候，有一個學生跳出來喊：「都抑鬱症了，還看什麼書啊，趕緊出去曬曬太陽、散散步吧！」這位催眠師學生是位經驗豐富的精神科醫生，他的這句話真是一語中的，因為用身體的行為影響並調節內在情緒，大多時候是很有效的。

當我們沉浸在消極情緒裡的時候，往往會不斷產生負面的信念，「我這次講得太差了，大家一定覺得我是很差勁的人」「我連說話都說不好，我是一個沒用的人」……這種負面的信念又加重了消極情緒，造成惡性循環。

這就是認知、情感、行為三者之間的相互影響，或者說是腦、心、身的相互影響。正因為這三者之間的緊密聯繫，催眠時不管從哪個層面入手，都可以改善整體狀態。

不同人在催眠中，對於腦、心、身的感知會有所不同，或者有人更容易感知到其中一個層面。因此在生活中，不同人在這三個層面的反應狀況及順序，也是不一樣的。

1. 軀體性人格

有一類人面對事情時會率先付諸行動，也就是先有身體反應。催眠流派將這種情況稱為軀體性人格。軀體性人格的人，會傾向用自己的身體和行動，來緩解內部的情緒。比如，我們看到某些人緊張的時候喜歡走來走去、不自覺地抖腿、面紅耳赤或身體僵硬等。這種特性主導的人大多行動力強，但有時候我們會說他做事不經腦子、慌慌張張。這裡所謂的慌慌張張，正是形容他外部身體行動上的表現。

2. 情緒性人格

還有一類人會思考先於行動，催眠流派把這種情況從英文直翻成情緒性人格，但我認為這種中文翻譯不太便於理解。這類人和軀體型人格相反，當他們內心產生情緒壓力的時候，會不斷思考，試圖想出解決方案或緩解壓力。我稱這類人為「悶騷」型，因為外表寵辱不驚，其實內心波濤洶湧。

3. 隔離型人格

除此之外還有一種類型稱為隔離型人格。這類人長期處於壓力的情況下，防禦機制作用下，為了保護自己於是開啟隔離模式，讓自己感受不到自我的情緒。不同於情緒性人格，這類人很難感知自己的情緒。如果在催眠狀態中問這類人心裡的感覺，他們往往體會不到而回答不出來。

上述這些反應模式不是絕對的，有可能在某些情況下會開啟其中一種反應模式，而另外的情況下開啟另一種模式；也有可能同時開啟幾種甚至夾雜出現。一個人能用不同的狀態面對不同的事情，稱為「細化」或「分化」，是一種高心理品質的表現。

反之，如果用同一種狀態面對所有事情，這稱為「僵化」，是一種心理品質較低的表現。我有一個朋友羽毛球打得非常好，有一次和他聊天時告訴我：「羽毛球不是用腦子打的，而是反覆練習後的一種身體反射，在醫學上叫作脊柱反射。否則等對方的球來了再想一想怎麼打，那怎麼來得及啊！」

我上網查了一下醫學資料，確實有脊柱反射一說，有理論認為脊柱反射是身體的一種直接反應，是不經過大腦的。我和這位朋友十分熟識，他工作時總是非常沉穩，做每一件事情都是深思熟慮後再採取行動，因此職位也爬的也很高。

這就是一位能把身體先行與思考先行順序處理得很好的例子。反之，該用腦子的時候不用腦子，任身體下意識做出反應以及不當的行為；應該大膽行動的事情卻思考過多，阻礙了自己的步伐，則是反例。

專家建議

看完本章，如果之後察覺到自己偏重於某種模式，或不利於處理當下的情況，就可以有察覺地去改變。更可以在催眠中主動調整，這正是催眠的作用。

有人問我，如何在催眠中更主動地調節自己這些模式，好處理緊張、發抖這些原始反應呢？這便是我下一章馬上要分享的。

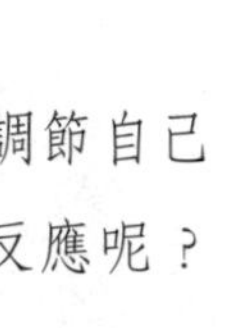

— 第 8 章 —

【圖解】如何用身心腦的互動，來提升人際關係

SOCIAL COW

8-1 社會化 vs. 做自己之間的衝突

隨著社會發展，物質和精神生活越豐富，人類群體的社會規則越完善也越複雜。人們接受了更多訊息、更多體驗及更多元化的觀點，迫使人腦這台處理器，也就是我們的意識必須更快速地運轉。

就像前文所說的，心理學稱這種發展與進步叫做「社會化」。在意識層面，我們主動或被迫跟上時代的腳步，而潛意識本能的部分卻不這麼想。

心理學認為意識和潛意識這兩部分，組成了我們的心理品質。意識就是你能認識到的那部分，其中包括社會化過程中學習到的社會規則。

打個比方，你的意識就像個完美、理智的導師，一直在幫你解讀世界，並且告訴你應該怎麼做。而潛意識就像在第 7 章所說的，是我們意識不到、不自覺就會產生的，這部分不是靠頭腦去思索、分析得來的，而是由內心需要產生的，屬於本能的部分，精神分析也把它稱作「本我」。

”我從小到大就是一個不怎麼愛說話的人，我自己也蠻享受這種狀態，不覺得有什麼問題。大學畢業之後我找了一個辦公室行政的工作，覺得這個工作不用跟人打交道，是適合我的。

誰知道我做得還不錯，很快就被晉升為部門主管，變成常常要開會。我打從心裡非常不想開會，但在這個職位上怎麼辦呢？只能硬著頭皮上，太心累了！我已經在考慮要不要換個工作。”

我微博裡這位朋友的留言，可以反映出他頭腦與內心，或者說意識與潛意識的鬥爭。他的內心不願意和別人打交道，也享受這種狀態；但腦中又知道必須去和別人打交道。於是心裡開始糾結，衝突，厭煩、難受等情緒便隨之產生了。

這種意識和潛意識的衝突，必定不只發生在上述的例子中，它們大多出現在社交場合，也就是在「做自己」與客觀或幻想中的社會要求之間產生衝突。

比如：當你被老闆大罵一頓，你心裡想還擊，意識卻敢怒不敢言的時候；當你在家族聚會上被親戚催婚，嘴上還要敷衍的時候，你的意識與潛意識也在衝突著。這時情緒和應激反應都會隨之產生，並且透過心、身、腦這三個層面表現出來。

在之前三個階段的自我催眠練習中，或許你已經察覺到自己心、身、腦的各種反應，現在我就來教大家如何調節這三方面的反應，讓你在會面臨的場合中順利化解內在衝突。

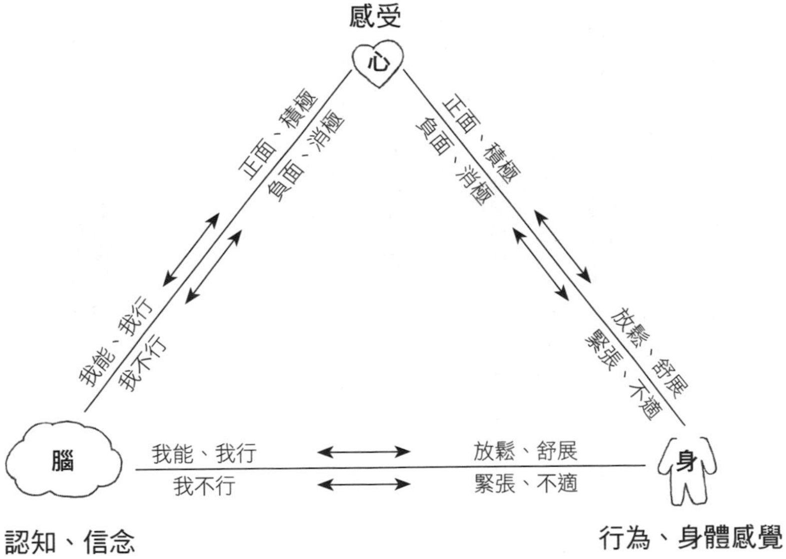

8-2 心——用心理的感受自我調節

很多人喜歡在思維層面做事，喜歡經由想出辦法來解決問題，我們從小到大受到的教育也讓我們習慣於像考試一樣的思維。但隨著對世界的理解越來越深入，會發現很多問題沒有辦法僅僅透過思考來解決。

就像公開說話，你也許給自己說了很多道理，也想出了一些實際應用的辦法，但仍然無法消除內心的緊張與恐懼，這時催眠正是打開你解決問題的大門。

如果你的情緒出現了問題，可以在催眠中直接調節自己的情緒。而不要問「我錯在哪裡？」「我該怎麼辦？」這裡給你的方法正是自我調節情緒的方法，而不是告訴你怎麼做，也不是我們平時在思考層面能得到的答案。

所以請你打破以往一定要一個解決方案的思維模式，而是用自己的感覺去調節內心感受，這需要一些經驗累積、需要不斷練習。當你經由練習，越來越熟悉自我調節情緒的方法，就可以把它用在社交緊張的情況或任何時候。

”覺察：如果在催眠中，察覺到你容易有各種情緒，比如煩躁、著急、鬱悶。

思考：你需要反思在公開說話中是否容易著急、緊張？是否習慣壓抑情緒？

行動：如果你準備好了，需要在催眠中做如下調整。

當你在催眠中察覺到自己的情緒，請體會這些情緒裡都包含了什麼，找個形容詞來形容它。

如果給每種情緒打分數，滿分是10分，沒有情緒是0分，此時此刻你體會到的各種情緒，各是幾分？

當你評估好後，就可以把注意力回到當下，再次依照之前學習的催眠流程繼續放鬆。你會帶著這種情緒與它們並存，並且允許自己更深地放鬆。

催眠結束後請再次測量：此時此刻覺察到的情緒是幾分？“

8-3 身——用身體的感覺自我調節

當我們內心緊張或有其他情緒的時候，交感神經會顯得興奮，身體也會不由自主處於警覺的狀態或產生很多反應。這是動物的本能，以保證我們在危險的情況下，身體準備好隨時行動。

有一種疾病叫作「心因性軀體疾病」，也稱為「身心疾病」，是指身體的各個器官都沒有問題，但就是感覺不舒服，醫學上認為這種情況是心理原因引起的。

例如肩膀痠痛、胸悶等，都是常見的心因性軀體疾病。這些心因性軀體疾病，在各個專業領域都有各自的解讀，例如很多焦慮、高控制型的人容易頭痛，習慣壓抑自己情緒的人經常胃痛等。

為什麼會出現心因性軀體疾病？從心理學上來說，當面對壓力或內心衝突的時候，首先產生的必然是內在情緒。但由於我們的內在情緒一直被忽略或得不到滿足，進而身體會出現反應，以更強烈的方式讓我們能夠接收到。

因此一旦我們在催眠中接收到身體這種反應，甚至能和這種反應交流的話，身體的訊號自然會減弱。同時還會在催眠過程中練習到，如何主動去放鬆自己的身體，並把這種身體放鬆的經驗帶入社交與公開說話中。

更有智慧的人，會在交流的過程中領悟到情緒與個性的問題，並透過改善來治療根本原因。

”

覺察：如果你察覺到在催眠中，身體很不容易放鬆或有哪個部分不舒服，比如肩頸痠痛、胃脹胸悶或全身緊張。

思考：你需要反思，生活中常有這種情況嗎？是否已經去醫院排除過器質性疾病（注）？你在公開說話中是否容易產生軀體反應？比如身體僵硬、臉紅、不自覺地發抖？你準備好處理這種情況了嗎？

行動：如果準備好了，你需要在催眠中做如下調整。

當你在催眠中察覺到自己的身體反應，可以選擇主動放鬆那個部位。或單純地允許這種感覺出現，讓這種感覺隨著催眠流程的深入自然放鬆下來。

也可以用剛才所教的評測方法，給自己的感覺進行評估。10分是最強烈的感覺，0分是沒有感覺，對比一下前後的分數。

如果經過多次練習，以上都不能幫助到你，請跟我這樣做：

請在催眠中留一點時間，好好去感覺你疼痛的那個位置。自然而然地把這個部位、這種感覺，想像出一幅畫面。

在催眠狀態下，去感受一下這個畫面對你意味著什麼？

畫面是可交流的嗎？

如果畫面轉化成了一個人，或一個可交流的對象，他是什麼樣子？

你的感覺是什麼呢？你願意和他交流嗎？他能和你交流嗎？

如果可以，請你們做簡短的交流，看看會出現什麼樣的答案。

如果你已經有能力在催眠中，和身體感受轉化的潛意識意象進行交流，那麼請你問問面前的畫面，想對我表達些什麼呢？

注：器質性疾病：指腦組織暫時性或永久性的功能障礙，所導致的心理與行為的異常，在人格、情緒、認知功能及社會、職業功能等方面造成障礙。

8-4 腦——用專注的思緒自我調節

人類的認知和思維在很大程度上，能幫助我們生活在這個世界上，然而有時它也會造成干擾。所謂的「胡思亂想」，說出了思維干擾生活的狀態。就像前文所說的，認知情緒和行動是相互影響的，當人情緒不好的時候更容易胡思亂想。

很多社交恐懼的人都有這個習慣，一方面在理智層面給自己不斷打氣，另一方面又不由自主地胡思亂想：想到以往失敗的經歷、想到別人怎麼看待自己，甚至會幻想自己失敗後需要面對的敵意，越想越緊張。下面的練習正是幫助我們能夠專注於當下，避免頭腦中的雜念影響自己。

”覺察：如果你在催眠中察覺到容易分神，胡思亂想……

思考：你需要反思，在公開說話中是否腦子裡有「雜音」一直在評判自己、要求自己，或設想別人怎麼想自己，導致無法專注於眼前的談話內容？你準備好處理這種情況了嗎？

行動：如果準備好了，你需要在催眠中做如下調整，對自己腦中的雜念保持覺察。

當你察覺到自己分心，請進一步覺察分心的雜念到底是什麼，自己能捕捉到這些念頭嗎？這些下意識出現的念頭是有必要的嗎？

如果有必要，你可以選擇繼續察覺，看看會出現什麼樣的念頭，讓流動的思維幫助你。如果沒有必要，那麼請你輕柔地回到此時此刻。

以你的呼吸為心錨，每次當你察覺到自己分心，只要回來就好。

不需要刻意要求自己全程保持專注，因為一旦提出這種要求，你的頭腦可能會更不放鬆。“

8-5 用「畫面感」擺脫社交恐懼

我們的心、身、腦反應從何而來？這些情緒是動物本能的自我保護，催眠中稱之為戰鬥與逃跑反應。大家可以感受一下自然界，動物遇到衝突時，潛意識本能只有兩種：打得過就打，打不過就跑，這些反應是為了保護自己能安全地生活在世界上。

如我前文所說，人類面臨實質性的安全問題，已經遠遠小於其他動物，但總會提到一個詞叫作「安全感」。為什麼處在相對安全環境下的人類，也常常會說自己安全感不足？

由此可見人類所謂的安全感，大多是一種心理體驗。雖然大多數人無須再面對真正意義上的危險環境，但隨著人類思維與認知的升級，對於安全的需要也隨之升級。人們不再滿足有吃有穿有睡就夠，而是要能感受到適應所處的群體社會，在群體社會有自己的位置才會感到安全。

社交恐懼正是還沒有完全適應社會，或內心仍然不願意適應社會的一種表現。安全感來源於內心，我們所面臨的衝突也多為精神上的衝突。當遇到衝突，本能就會向我們發送危險的訊號，這時潛意識會保持警惕，而這種下意識的警惕會讓交感神經保持在高度緊張的狀態，社交緊張由此產生。

社交問題除了引發之前所說的一系列情緒、身體問題外，還會在人的夢境中呈現。經由之前的章節我們已經知道，人有意識和潛意識兩個心理層面，內心衝突造成潛意識的情緒，無形中被壓抑了下來。

這時候，壓抑下來的情緒就會透過夢來得到釋放，這就解釋了為什麼夢總是會喚起人們的很多情緒或情感反應，例如惡夢驚醒後的那種深深恐懼，以及讓人非常享受而捨不得醒的美夢。

有時起床後對夢的記憶已經很模糊，那是因為睡夢中意識已經幾乎不存在，這正是身體健康的表現。正因為我們的意識關閉，才會感覺頭腦得到放鬆和休息。

白天時正交感神經興奮、意識開啟；而到了夜晚，副交感神經興奮、意識關閉，這時候潛意識的感受沒有了意識層面這個道德導師的壓抑與約束，會更容易出現。諸如被人追趕時卻跑不動、從高處墜落，或者是內急卻找不到廁所的夢，都有可能是潛意識壓抑情緒的一種展現方式。

催眠正是透過催眠師的引導語幫助個案放鬆，從而達到意識與潛意識同時開放的狀態，這種狀態就類似於睡覺之前似睡非睡的狀態，催眠中稱之為「恍惚狀態」。這時候很多人也會出現類似於夢境

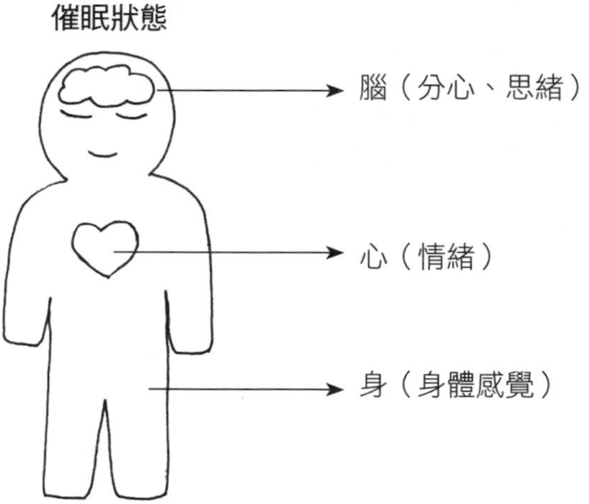

的狀態，在催眠中叫作「潛意識意象」。

很多朋友都看過《催眠大師》這部電影，我本人也很喜歡。電影裡面很多畫面都是被催眠後腦海中浮現的景象，這就是潛意識意象的畫面。我的催眠治療中經常會專門利用潛意識意象，來幫助個案自我認識和成長。

也許有一些朋友透過之前的自我催眠練習，已經達到一定的催眠深度，在催眠中能看到潛意識的意象畫面，這是在催眠中不自覺生成的畫面感。這些朋友能在催眠狀態下，意識能夠察覺到自己心、身、腦的潛意識的反應，也能察覺到潛意識的情緒幻化成類似夢境的畫面。

這時如果你正在經歷專業的一對一催眠，催眠師就可以引導你去解決潛意識畫面中的矛盾衝突。例如和人交往的問題，會引導你在畫面中回到交往的體驗或面對特定的群體；而童年或親密關係問題，會讓你在畫面中和父母或伴侶進行意象對話等。

一位來訪者告訴我，他意識到自己在社交中特別在意別人的評價。他需要透過別人對他的評價來完成自我評價，一旦被人否定，他就會自我否定，因此他在社交中不斷討好、配合他人。順從別人的這種模式，與他追求自我表達的需求產生了巨大的衝突，也讓他覺得社交很累、不喜歡社交。

這個討好順從型個案，在催眠中看到了他的祖母，喚醒後告訴我他想通了！原來他小時候總覺得外部環境不安全，而只有祖母才能保護他，但想獲得祖母的保護唯有順從。他把這種模式帶到了成年，因此去順從所有人來滿足自己的安全感，結果反而失去了自我。

我讓這位個案在潛意識裡，用成人的理性思維與祖母談話。這時候個案使用成人的方式重新認識童年，建構了新的童年認識系統，從而得到心靈上的成長，社交問題也隨之改變。

催眠作為一個歷史悠久的心理學學派，針對社交恐懼的處理方法有很多，透過潛意識畫面來解決社交恐懼以及一系列的心理問題，是專業催眠師常用的方法。那麼如果你在催眠中已經出現潛意識畫面，要怎麼幫助自己解決社交和公開說話問題呢？

首先我要強調的是，我們要處理的潛意識意象，是催眠中自動生成的畫面與意象，如果你自己不是專業的催眠師，切勿自行引導生成意象。

如果你在前幾階段催眠練習中，已經達到一定的催眠深度，開始出現畫面感，那麼請你試著這樣做：

> 在這種放鬆的狀態下好好去感受這個畫面，用幾分鐘的時間去感覺。
> 可以從這個畫面的細節去感受：畫面裡出現的事物對於你來說意味著什麼？
> 可以從畫面給你的體驗去感受：面對這個畫面你有什麼樣的感覺？
> 你會允許這個畫面是動態的。
> 也可以允許自己隨時退出這個畫面。
> 如果這個畫面是可交流的，比如出現了一個人，那麼他是誰的投射？
> 如果可以對他說一句話，你會說什麼？他聽到了嗎？
> 他回應你了嗎？是怎麼說的？你們還可以再多交流嗎？

請保證整個過程不超過10分鐘，如果需要更深層的催眠體驗，一定要尋求專業催眠師的幫助。潛意識畫面的處理已經屬於非常專業的催眠技術，我在《我是催眠師》一書中，用整整一章談潛意識意象的處理經驗。建議大家在進一步操作之前，也能閱讀這本書或找專業人員處理。

專家建議

催眠不是魔法、不是幻術，是讓我們回到身體內部有意識地去察覺自己，包括潛意識這部分。或許你在公開場合說話時非常緊張，但在催眠中卻非常平靜。這完全沒有問題，你可以一次一次地讓自己更熟悉這種平靜的體驗，同時只針對催眠中需要改善的問題去改善即可。

緊張、恐懼會導致一系列問題，但從另一方面來說，適當的緊張焦慮情緒也能讓人保持警覺，甚至在需要的時候讓人發揮得更好，成為進步的力量。因此催眠提倡的不是時時刻刻放鬆或鬆懈，我們提倡的是張弛有度、有彈性的生活，能接受並且運用本能反應，幫助自己生活得更好。

— 第9章 —

懂一點心理學，就能上手的超實用說話技巧

SOCIAL COW

9-1 沒話找話&保持沉默的能力

在本書前面的部分，我用了大量篇幅介紹心理學知識、分享催眠方法。當你把這些方法內化成自己的一部分後，就可以拋開所有的方法，因為你自己本身就是穩定的。

本書的最後一章我會介紹一些實用的技巧，這些技巧就像大樹上面開出來的花朵，它不影響樹幹的穩定，卻能讓這棵大樹燦爛多彩。

1. 共同語言&防禦機制

一位找我解決社交問題的案主對我說：「我看他們一大桌人聊得很高興，但就是不知道該跟他們聊些什麼，總覺得插不上嘴，心裡就更緊張了，還有一種被孤立的感覺。」

「不知道說什麼好」，這是很多不擅長社交者的困擾。那麼首先就讓我們來談談，在公開場合社交與講話時的內容，語言作為人類主要溝通的形式，談話內容則是交流的基本載體。經常有人說「我們有共同語言」或「我們沒什麼共同語言」，這指的便是談話內容。多數人認為有共同語言的前提下，兩個人更好溝通。

在我的諮詢個案中，學生是特別喜歡尋找共同語言的群體，他們的共同語言通常以學習、個人愛好為主，很多學生會以共同愛好組

社交群體。隨著年齡的增長，步入社會後，無論見識的廣度和深度都會日益豐富，這會讓我們面對不同的人、尋找到更多的「共同話題」。這裡所說的共同話題不一定是你發自內心喜歡的話題，也包括在社交場合中「沒話找話」的話題。

我個人參加社會活動時會遇到各行各業的人士，有的相互之間並不是那麼熟悉。記得有一次活動結束，我正好和坐在我旁邊的一位男士同路回家，這位男士比我大十幾歲，開了一家律師事務所。

一路上他為了和我有共同話題，一直在聊煮飯和教育孩子，這確實避免了一路同行的尷尬。其實煮飯和教育孩子並不是我喜歡的話題，但在那種情況下，話題內容已顯得不那麼重要，反而是在一路不停的交流中，彼此產生了願意和對方交流的共識，無形中也增加了友情。

我有時候會參加一些英文聚會，通常會有很多西方人，我發現大家用英文交流的時候更喜歡「沒話找話」，雖然不同國家的文化不同，但西方人似乎更善於此道，而更深層次的心理因素，在於非母語的語言會比母語語言更具有防禦作用。心理學中有一個詞叫作防禦機制，是指我們為了保護內心而採用的措施。

布萊克曼曾經寫過一本書叫作《101種防禦機制》，他認為我們生存在這個世界所做的大多數行為，都出於防禦機制，用以保護內心不完全暴露在外部環境中。而他認為語言，也可以成為一種重要的防禦機制。

也就是說，我們的語言除了溝通交流，讓人與人更親密之外，還有另外一種相反的作用，就是作為一種防禦機制，讓人與人之間「有一些東西擋著」，而避免體驗過分暴露的感覺。這聽起來可能有些不好理解，但可以試想一下，如果你在不那麼熟的人面前長時間沉默，是否會有一種很尷尬的感覺？這時候我們就會沒話找話，沒話找話就帶出了防禦的色彩。

此外，我們的母語因為和自身潛意識已經融為一體，因此會暴露更多的自我感情和內心動向，而當我們說第二語言的時候，會感覺更具隔離作用。

2. 沉默的能力

瞭解到此心理特點，我們現在就可以做一個鍛煉心理素質的練習：沉默。

心理學認為一個人忍受沉默的能力，是核心的心理素質之一。如果你能允許自己在不熟悉的人面前沉默、在群體面前沉默，並且內心毫不慌張，表示你已經慢慢遠離社交恐懼和焦慮。

曾經有一位著名的心理諮詢師，在數十次諮詢中仍然不能卸下諮詢者的語言防禦。為了打破他的防禦，諮詢師在一個小時的諮詢中用了45分鐘的沉默。我們可以想像，在一個小時的付費諮詢中，能主動進行45分鐘的沉默，這個心理諮詢師的內心承受力是多麼強大。那次治療之後，這位心理諮詢師和諮詢者的關係有了突飛猛進的提高。

沉默有時候確實如我們擔心的那樣，會引起對方的情緒。記得前些年我搭計程車上班的時候，由於習慣上車休息冥想，下車之後竟然收到了司機的負評，評論我沒有禮貌。很顯然這位司機把我的沉默歸類於沒禮貌，他內心的潛台詞是：對方沉默，是因為不想要和他交流，於是傷了他的自尊心。很多無法允許自己沉默的人，內心也會如此解讀沉默，認為不和對方說話就顯得自己不友善，表示不想和對方打交道。

說到這裡你可能會想，那麼我練習沉默還有什麼意義呢？我在社交場合如果沉默，會不會引起對方的反感？我在公開說話時沉默，會不會讓人覺得我忘詞了？

這裡就涉及談話的節奏問題，適當的沉默可以製造談話中張弛有度的節奏，可以給予自己和對方思考的時間。因此我們可以反過來想，如果在社交聚會中碰到一個滔滔不絕的人，使你根本插不上嘴，這時你會怎麼想？如果你參加公開講座時，主講人持續不斷說話，絲毫沒有停歇或者關注聽眾是否在聽，你有什麼想法？當我說到這兩個場景的時候，或許你已經有感覺了，在你的過往經驗中，可能真的碰到過這樣的情況。

不允許自己沉默，也是社交恐懼的一種表現。一位社交恐懼者告訴我，他在社交場合說話時，非常急迫地想要把準備好的台詞馬上講完，感覺講完就完成任務了。於是不自覺越說越快，連呼吸都不順暢了，結果經常卡詞或資訊超載，導致頭腦當機。他內心隱藏著對全能感與絕對完美的渴望，即：我不用做任何停頓與思考，也能把這場發言流暢地講下來；聽眾的反應我也不用做任何思考，就能快速應答。

在之前的內容中，我們已經瞭解到全能感與絕對完美是自戀的表現。但說話的人也好、聽眾也好，都只是一般人，因此要在平等的基礎上互動與交流。後來我向這位案主說清楚心理學的原理之後，讓他做催眠的呼吸練習及沉默練習，得到很大的改善。

現在我就來告訴你沉默練習如何進行。

練習看看

用5個步驟練習沉默

❶ 第一次練習時，找一位對你而言最容易的練習對象。這位練習對象可以是相處時你內心相對比較放鬆的人，也可以是不會對你造成實際影響的人，他不會認為你的沉默是在表示對他不滿。

❷ 先從你能接受的短時間練習開始，如一兩分鐘，甚至30秒，自己去

感覺能接受的時間。

❸ 儘量不要提前告訴他你在做沉默練習。

❹ 分多次、多天反覆練習，直到你可以忍受面對這種沉默的狀態。之後便可以提高目標，換另一位難度高一點的對象練習或延長時間。

❺ 當你覺得自己這方面能力有所提高後，就可以慢慢帶入社交場合與公開說話中，也可能你必不刻意帶入，就已經有所改變。

在社交中，搞清楚場合、對方和自己內心的感覺都是很重要的。這裡不光只有培訓班教我們的說話技巧，更包括群體潛意識和個體潛意識。如果你已經學習了對應場合的談話技巧，但運用得很生硬，那是因為仍停留在技巧等意識層面，還沒有搞清楚潛意識層面的內涵。

潛意識這個詞之前已經和大家解釋過，具體運用到社交中，群體潛意識是指當你公開說話時，聽你講話的一群人有什麼共同的內心動向。比如他們此時此刻的情緒如何？內心渴望什麼？當然這裡也包括對你的印象是什麼。個體潛意識則是指，其中一個人的內心動向是什麼。

如果面對一群人講話或主講一場講座，我們首先要搞清楚的是群體潛意識。如果這群人裡有你的主管或對於你來說的重要人物，那我們也要特別搞清楚這個人的個體潛意識。

沉默也好，其他語言方式也好，都是在我們理解群體潛意識與個體潛意識之上展開的。任何時候我們都有權選擇沉默，沉默是因為自己具備沉默能力、是因為當時的場合適合沉默、是因為我們瞭解對方可以接受沉默，或自己此時此刻需要沉默，而不是因為討厭對方導致的「攻擊性沉默」。

9-2 公開場合說話時，如何控制好內容與時間

上一個話題我們談到了兩個聽起來截然相反的情況：沒話找話與沉默。仔細觀察人們的生活中，其實經常會有「沒話找話」的話題內容。比如大家都知道的「今天天氣不錯」，或大家最常問的「吃過飯了嗎？」「吃了什麼？」等。

然而，這種話題通常適合在放鬆的情況下閒聊，如果你在商務聚會只聊這些話題，容易讓人覺得乏味。畢竟我們在社交場合，也希望能夠展示自己的核心價值、思想深度等。因此在公開場合發言、開講座時，需要有一定的主題和方向。

在這樣的場合，我們應該怎麼安排談話內容才能流暢表達，並且更好地處理隨機情況呢？以下讓我以個人的經驗結合心理學談一談。

1. 避免資訊超載

如同前文所說，公開說話包括在公眾面前的演講，及大會議、小討論的發言，也包括一些商務社交場合中的談話。我個人作為一名心理學老師，一年中大大小小的講座非常多，其中包括給國營企業、私人企業的心理學培訓；給學生、老師、主管的講座，心理學高峰會上的演講和圓桌會議等；有十多人的小沙龍，也有上萬人的大型演講。

談到講話內容，在發言之前如同大多數人，我內心會先有一個方向和框架，一些正式的講座我也會提前準備好PPT，上面的文字則是我講話內容的大綱，也是對我自己的提示。

我有一次因為要談論的話題過於熟悉，在無須提前準備的情況下錄影，結果因為時間長達4個小時，而且除了思考講話內容之外，還要注意儀態、攝影機的機位、攝影機背後隨時會出現的提示板等。錄到最後我突然覺得自己「斷片」了，前面講的是什麼好像忽然想不起來，這就是我們俗話說的「自己把自己給講暈了」的情況。

不只是我，很多人在公開說話時都出現過這種情況。出現這種情況是什麼原因呢？在正式演講中，我們的意識層面會不斷去組織語言和邏輯，時間越長、越正式的講話，意識層面越要掌握整體的架構。就像內心有一篇文章，這篇文章的主題是什麼？每一部分的主題是什麼？它們之間的聯繫是什麼？而這些邏輯關係與主要內容，我們都必須爛熟於心，在講話時意識層面再不斷地調度邏輯思維，讓內容不偏離大方向。

所謂自己把自己講暈，是說我的語言已經開始不合邏輯，我的頭腦層面已搭不上邏輯關係和主要內容。會出現這種情況，可能因為需要注意的外界資訊太多（機位、儀態、提示板等），再加上時間較長，造成資訊超載的情況。

資訊超載這個詞我在《我是催眠師》中詳細講過，大意是指大腦接收的資訊過多，而出現無法承受的情況，於是就會像電腦當機一樣，這時候就會呈現頭腦一片空白或者其他的應激反應。

有很多公開說話緊張的人，也經常出現資訊超載的情況，那是因為內心過於緊張而破壞了意識層面的功能。這時候超載的資訊可能不僅是外界輸入的資訊，更多的是內在的情緒資訊。

即使是心態還不錯的我，也會在公開說話中出現當機的情況，因此在那次錄影之後，我還是會提前準備大綱，把大綱中的簡單提示打在 PPT 或一張紙上。

談到這裡，我想起一個笑話。有一次我準備好 PPT 後心情很輕鬆，於是在社交媒體上發了動態，圖片便是我準備好的其中一頁 PPT。結果朋友們的留言是：「管老師，你的 PPT 好簡潔！」

我發動態的重點其實不是要展示 PPT，但他們的留言卻把我逗笑了。我做的 PPT 確實每一張都是一個大白背景，上面加了幾個簡單的字而已。就像我剛才所說，我對要講的知識已經爛熟於心，PPT 的內容只是我給自己順序上的提示。

2. 事前準備工作不可過多

或許由於職業要求的不同，公開說話對於 PPT 這個科技的依賴性會高一點。但要先搞清楚的是，講座想要傳達給聽眾的到底是什麼。就像我的心理學講座，大家更想我分享心理學知識，而不是去欣賞我的做簡報技術，因此 PPT 過於複雜反而會喧賓奪主。

不擅長公開說話或公開說話容易緊張的人，容易犯的另一個極端的錯誤，就是提前準備工作過多。就像我前文所說的，公開說話困難的人，在大型場合之前會準備逐字稿，他們會把要講的內容逐字逐句地寫下來，甚至背下來。

這不由讓我想到小學生在老師面前背課文的狀態，此舉不但會讓講話的人更緊張、更容易出現資訊超載導致的緊張，而且也讓逐字稿束縛了自己，反而和聽眾失去了交流。

就像我之前所談到的，當你想和一個人交流的時候，要從一個人的世界變成兩個人的世界，這句話的意思就是你要瞭解對方。講座也是一樣，首先要瞭解聽眾想要聽的是什麼，避免自己由於焦慮緊張，而在沒必要的事項上做複雜的工作。

喧賓奪主地做繁雜的 PPT 也好，把要講的內容逐字逐句背下來也好，大多時候都是沒有必要的。我們的語言以及透過語言載入的內容，主要作用就是交流。即使是再大型的講座，目的都是讓聽眾聽得進去、有所收穫，而不是為完成任務或讓人覺得你很厲害。

3. 瞭解對方

上面我談的是正式場合的講座和公開說話，需要提前在內心準備好講話框架。而在一些其他的社交場合或公開發言的時候，我們可能沒辦法提前準備，但這種場合又不能沒話找話或完全保持沉默，這時應該怎樣組織話題內容呢？其實說到底，話題內容包括兩部分：瞭解對方、表達自己。

先談談關於瞭解對方。此時此刻我們可以靜靜地想一想，當你想要瞭解一件事、瞭解一個人的時候會怎麼做？當然是默默地觀察、傾聽，而不是心裡想著「我該怎麼說」，或者自顧自地心裡打草稿，根本沒注意到對方在幹什麼。

此外，遇到不懂的問題，恰當地提問也是瞭解對方的一個好辦法。大家對我的評價都是非常善於社交，其實我並不是善於社交，而是對於人和事本身帶著很強的好奇心，因此當別人在談論我不知道的領域時，或者表達他的思想時，就會不斷地去問一些問題，透過答案來瞭解我不知道的部分。

這時候如果你總是想「問問題是不是會顯得自己好傻？」，那麼你可能仍然潛在著對自己全能完美的追求。每個人一定有不擅長的領域，或者說比起我們擅長的領域，不擅長的領域更多。恰當地提問會讓對方感覺你對他有好奇心，這就是良好交流的開始。

4. 表達自己

再談談如何表達自己。當你開始提問的時候，其實已經是表達自己的一部分。當對方問到你個人的觀點體驗，那就是你表達自己的好機會。特別是在一些會議上，我們經常會隨機性地發言，發表一些自己的看法。

「吹捧」是一種穩妥的表達方式，在心理學中甚至會有專門的讚美練習。如果能從內心真正看到一些積極的、發亮的東西，那麼「吹捧」就不能稱之為虛偽，相反地，久而久之會讓我們的心態變得積極。發現事情積極面不代表顛倒黑白，或硬把不好的東西說成好的，而是能從整體中找到亮點。

我在《我是催眠師》一書中曾經談到過言語催眠，我們來看其中的一個例子，是關於同一件事的不同表達：

第一種：「你的方案我不同意，太離譜了！聽聽我的。」

第二種：「你剛才提出的方案一定花了很多心思，非常有創意。只是有一點我不太確定，我們來針對這一點商量一下。」

第二種說話方式和第一種的不同是，說話的人首先肯定了對方的亮點。也許這件事情本身完成得並不好，但背後的努力或思考是值得肯定的。在公開說話和社交中，我們更需要找到這些積極的部分。

關於剛才所講的催眠暗示的技巧還有很多，大家如果有興趣可以看《我是催眠師》和《簡易催眠術》這兩本我的相關著作。

5. 關於權力感

最後我要來談談權力感這個詞，這是我們在人際關係中心裡能感受到，卻很少把它拿出來說的事情。

競爭與合作是任何動物族群都存在的現象，這種優勝劣汰以及族群保護的方法，正是自然界生生不息的法則。人類也是一樣，有競爭就會慢慢衍生出權力。在工作中我們能夠很明顯地感覺到權力感的存在，事實上任何關係中都存在權力關係。比如我們經常說的，在家裡「誰說了算」，戀愛中「誰吃定誰」等，都帶出了權力感的味道。

具體到社交與公開說話中，我之前提到每次在大型講座前，只會製作一些簡單的 PPT，我們仔細想一想，裡面就涉及權力感的問題。

大家期待聽到的是專業有用的心理學知識，這便是我的核心價值。反過來說，我的核心價值並不在做好 PPT 上。每個進行講座或分享的人，都有自己的核心價值才會被邀請，因此你也要清楚自己的核心價值是什麼。核心價值是你有而其他人沒有，或你比其他人優秀的地方，這無疑增加了你的競爭力，因此就會在群體中獲得相應的權力感。

核心價值越高，你的競爭力與別人的潛意識上，對你賦予的權力感就越強，這是一種心理上的尊重，甚至崇拜帶來的權力感，與傲慢的態度無關。這種核心價值的擁有，會讓你對自己產生較強的認同感，產生在某一領域的自信，並對其他領域的不足不過於敏感、自卑。

當然，我們難免也會遇到一些挑戰權力感的人，那麼你只要知道那是他內心的自卑作祟，而不是你的問題。

專家建議

不管和公開說話相關的心理體驗也好、具體說話技巧也好，其實還有很多部分可以討論。

比如：從心理學角度解讀言談舉止是否得體？從心理體驗上來看，話題分為哪些層次？人的心理感受與說話的時間點和時長的關係等，都是可以幫助我們提高社交與公開說話能力的。

參考文獻

〔英〕約瑟夫·桑德勒：《佛洛伊德的〈論自戀：一篇導論〉》，北京，化學工業出版社，2018。

〔美〕海因茨·科胡特：《自體的分析》，北京，世界圖書出版公司，2012。

〔英〕唐納德·溫尼科特：《嬰兒與母親》，北京，北京大學醫學出版社，2016。

〔德〕馬丁·布伯：《我與你》，北京，商務印書館，2015。

曾奇峰：《你不知道的自己》，太原，希望出版社，2006。

國家圖書館出版品預行編目（CIP）資料

叫我社牛 social cow：提升「人際關係」的 23 個說話技巧！／
管玲著. -- 初版. -- 新北市：大樂文化有限公司，2023.12
208 面；14.8×21 公分（優渥叢書 Business；094）

ISBN 978-626-7148-98-3（平裝）
1. 溝通技巧　2. 說話藝術　3. 社交技巧
177.1　　112019916

BUSINESS 094

叫我社牛 social cow

提升「人際關係」的 23 個說話技巧！

作　　者／管　玲
封面設計／蕭壽佳
內頁排版／王信中
責任編輯／林育如
主　　編／皮海屏
發行專員／張紜蓁
發行主任／鄭羽希
財務經理／陳碧蘭
發行經理／高世權
總編輯、總經理／蔡連壽
出 版 者／大樂文化有限公司（優渥誌）
　　地址：220新北市板橋區文化路一段 268 號 18 樓之一
　　電話：（02）2258-3656
　　傳真：（02）2258-3660
詢問購書相關資訊請洽：2258-3656
郵政劃撥帳號／50211045　戶名／大樂文化有限公司

香港發行／豐達出版發行有限公司
地址：香港柴灣永泰道 70 號柴灣工業城 2 期 1805 室
電話：852-2172 6513　傳真：852-2172 4355

法律顧問／第一國際法律事務所余淑杏律師
印　　刷／韋懋實業有限公司

出版日期／2023 年 12 月 25 日
定　　價／280 元（缺頁或損毀的書，請寄回更換）
I S B N／978-626-7148-98-3

版權所有，侵權必究 All rights reserved.
本著作物，由清華大學出版社獨家授權出版、發行中文繁體字版。
原著簡體字版書名為《公開講話：一場沒有懲罰的人際冒險》。
非經書面同意，不得以任何形式，任意複製轉載。
繁體中文權利由大樂文化有限公司取得，翻印必究。